藍學堂

學習・奇趣・輕鬆讀

致富邏輯

變有錢的32個富練習

THE 32 UNBREAKABLE LAWS of MONEY and SUCCESS

Transform Your Life and Unlock Your Unlimited Potential

BRIAN TRACY

布萊恩・崔西——著　陳正芬——譯

推薦序

直擊心靈的一本理財書

文／抹布 Moboo（科技工作講主持人）

這本書是我看過最能直擊心靈的理財書籍之一。它提供了許多實用的建議。書中「金錢賦予自由」、「決定目標就要採取行動」、「人之所以貧窮是因為還沒決定變成富有」等觀念，對於那些想要改變現狀的人來說，無疑是一盞明燈。如果你對於職場以及人生目標感到迷惘，可以參考本書，幫助你檢視自己很多的基本觀念是否有迷思。很多網友希望我推薦一本有關致富思維的書，而這就是那本書。

推薦序

退休金現金流準時出現的祕密

文／A大（ameryu）（《A大的理財金律》作者）

當我讀到本書提到的「目標設定法則」時，很多回憶瞬間從心底湧了上來。作者布萊恩・崔西說：「第一步：決定你究竟想要什麼，第二步：寫下來。」我就是這麼做的，我把目標寫在一張便利貼上，放在皮夾裡，一直不斷地提醒自己，我靠著這個方式買到房子，變成小房東，開啟了「財富通道」。經過這十多年努力下來，目前正準備退休了。

用便利貼改變人生「把理財目標具象化」，在某些人看來也許有點愚蠢，可能被嘲笑，但其實這是一種強大的方法。日本經營之神松下幸之助曾講過一句話，同時也是本書「心態法則」的應用；他說：「不管別人嘲弄，只要默默堅持到底，換來的就是別人的羨慕。」看到好句子，就抄下來、背起來，強化自己的企圖心與信心，這就是我的實踐方式。

當你把目標具象化後，再找一本「夢想筆記本」，寫下夢想的細節以及所需的相關步驟，這就是書中「七步驟目標設定公式」的應用。你可能會懷疑，「這方法真的有用嗎？」我自己的心得經驗是「非常有用」，寫在紙本上，只要是用錢能買到的物品，都有機會實現。

另外，本書中提到的先付錢給自己的「儲蓄法則」，我也是實踐者。我在存房屋頭期款時的儲蓄率是三〇％以上，放假還會去找當天領錢的臨時工提高當月儲蓄金額。回想起當時，真的是省吃儉用、縮衣節食一切只為了買房。

此書提供了三十二個法則，你僅需挑選幾個喜歡的法則，學以致用，融入生活之中，就有機會把財富手到擒來，甚至是讓「退休金現金流」準時出現。

推薦序

具體目標帶來美好人生

文／整理鍊金術師小印（《財富自由的整理鍊金術》作者）

這本書的一切都是真的！今年六月，正值三十八歲的我提早達成五十歲才能達成的資產數字與自由人生。而這一切的轉變，始於二〇一六年中旬的低谷。我被迫開始斷捨離上萬件物品，並重新審視自己混亂的生活與目標。

我是個務實的人，從不相信吸引力法則，對這些虛無縹緲的概念也不感興趣。然而，在那段困境中，我決定開始為未來的二十年每年設定具體的財務目標。奇妙的是，這些數字總是牢牢刻在我的腦海裡，每每比預期更早實現。

當我回首過往，發現一路走來，沒有任何人指引我前進的方向。我孤單地站在人生的十字路口，抬頭思索著生命的意義、我真正想過的自由人生，以及我應該具體採取的行動。我對自由的渴望如此強烈，以至於我再也不埋怨原生家庭，而是集中精力思考如何行動，讓自己能乘風飛翔。

隨著信念建立，我一路心想事成。我想要的一切——出書、演講、考取CFP®國際認證高級理財規畫顧問資格、自己的房子、自由在家的工作生活——如今都已經變成了現實。每實現一個目標，自信心就增強一分。正如書中所言：「當你完全清楚自己想要的，你愈是充滿信心，仰賴超意識腦在最正確的時候，用正確的方式幫助你，它就會愈快且愈精準地帶給你想要的東西。」

現在的我，正是當年夢想的自己。偶爾我會感到驚奇——我只是改變了思維，設定具體目標，然後一步步踏實行動，一切的美好便隨之而來。

你比我幸運，因為你手上的這本書已經將這些方法清楚地寫了出來。你只需要閱讀它，然後設定目標並付諸行動，人生的美好將自然而然地到來！

致富邏輯

目錄

CONTENTS

1 PART 成為有錢人的十二個心態

2 PART 關於實作技巧的二十條法則

誠摯地將本書獻給我親愛的妻子芭芭拉，
她是我四十八年來的摯愛、靈魂伴侶、
也是四位美麗子女——
克莉絲蒂娜、麥可、大衛和凱薩琳——的母親。
是妳讓我成為無比幸運的人。

前言

目標改變人生

改變思維、改變人生

德國文學家歌德（Goethe）說：「大自然不跟人開玩笑，她總是真實的，總是正經八百，總是一板一眼，大自然永遠是對的，人才會失誤犯錯。無法體會大自然的人，會遭到她鄙視，唯有在面對聰慧、純潔和真誠的人時，她才會交出自己，顯現她的奧祕。」

在人類歷史上，活在此時此刻是再好不過的事，長壽、快樂、賺錢的機會比過去更多，也有更多機會在人生各階段獲得更大成就，唯一的限制，是你的想法和行動對成就所加諸的限制。

設定一個目標數字

實現財務潛能的第一步，是做一個關鍵決策。決定你的職業生涯能達到多少淨值，因為若是沒有目標，便無所謂達成。

接下來你將了解，光是練習訂定目標淨值，將使達成的可能性提高五至十倍，你可以用這數字，來跟別人和跟自己比。計算你今天的價值，判斷你離目標還有多遠，經常思考目標淨值，直到它成為你世界觀的一部分。

我二十五歲時，讀到《財星》（*Fortune*）雜誌的一篇文章，寫著淨值一千萬美元（約新台幣三億兩千萬元）才算富有，淨值三千萬美元（約新台幣十億元）以上才算超級富有。

企圖心的力量

於是，一千萬美元成為我的數字。我開始研究那些白手起家，最終躋身百萬富翁甚至更富有的人，努力以他們為榜樣。每一年，我衡量自己距離一千萬美元還有多遠，有時進步，有時退步，我花了幾年總算成為百萬富翁，最終成為千萬富翁。

在接下來的篇章，你將明白如何效法白手起家的百萬富翁，只要持之以恆，終究會獲致與他們相同的結果。

有個知名的法則說，第一個百萬美元很難賺，第二個百萬美元手到擒來。

若想賺取第一個百萬美元，你一定要成為和現在不同的人，一定要培養遠超過一般人的勇氣、毅力和自律等特質。於是，如果你損失所有的財富，將會用比當初賺第一個百萬美元更快的速度將它賺回來，因為現在你「內在」是個百萬富翁，你的思想和行為像個百萬富翁，很快地也將再度成為百萬富翁。

幾年前，哈佛做過一項研究，來回答「什麼是銷售和創業成功，所需具備的最重要特質？」結果答案是「企圖心」。

簡單來說，企圖心旺盛的人感到「飢渴」，他們強烈渴望成功，特別是財務上的成功，幾乎所有成功人士都具備這種熾熱的慾望，也是預知一個人能否成功的關鍵因素。此外，他們相信無論多困難，但自己能夠且終究會成功，特別是一開始的時候。

本書寫給有企圖心且飢渴的人，那些無論多久，也願意不斷付出代價獲得成功的人。他們永不放棄。如果你是這樣的人，請繼續讀下去，你即將展開理財生涯中的偉大冒險。

關於我的故事……

我小時候，家中一貧如洗，我家動不動就說：「我們買不起，我們買不

起，我們買不起。」打從十歲起，我多半是靠著替街坊鄰居打零工為生，一開始是割草皮和清理雜草，清晨五點送報，等我年紀大些，改成在下午和晚上放學後送報。

我很早就明白，結果和報酬之間有直接關係，我發現，只要我堅持得夠久且夠努力，幾乎沒有什麼辦不到的，十四歲時，父親幫我做了一台有點像人力車的手推車，我把瓦斯除草機和修邊機放在手推車上，用腳踏車拖著它挨家挨戶跑，這原本是十四歲孩子買不起的機器，有了它以後我便能把草坪修得美美的，而且拿到相當優渥的酬勞，十五歲時，我的收入已經超過父親。

除草事業讓我第一次接觸「資本主義」的奇蹟，也可以稱之為「存錢主義」，只要把錢存起來，投資在有形物件（例如除草機）和無形事物（例如更多的知識和技能），就能使收入增加，甚至倍增。

最後，我中學沒畢業。我的朋友拿到畢業證書，我只拿到休學證明。我第一份時薪工作，是在一間小旅館的後面洗盤子，後來我去停車場洗車，再之後我替一家清潔服務公司洗地板，於是我開始以為，清洗工作就是我的未來。

我一個工作接著一個，為了求溫飽什麼都願意做，我在樹林鋸樹，在工廠和鋸木廠的生產線工作，去農場掘井，睡在車上。我總是勉強得以溫飽。

二十一歲時，我獲得一份船上的差事而得以見識世界，旅行了八年，到過各主要大陸的八十多個國家，我在挪威的貨輪上擔任水手，航行結束後上陸地工作，等我找不到海員的工作後，便遊走於各農場從事勞力活，在收成期間受雇，睡在農場穀倉的稻草堆，收成期結束後再度失業。

當我再也找不到勞力活，我得到一份佣金的推銷工作，到每間辦公室推銷辦公用品，我換了一個又一個銷售工作，住在提供膳食的寄宿房裡。

我的十個目標

某天，我做的兩件事情改變了我的人生。首先，我列出想在未來一年內達成的十個目標。我偶然在雜誌上看到的這個簡單練習，永遠改變我的一生。不到一個月（不是一年），十個目標全部達成（可想而知，其中之一是賺更多錢。）我從睡在廉價寄宿房，到擁有配置家具的公寓，而且賺的錢比我以為可能的還要多。

「哪一項技能最能增加收入？」

我做的第二件改變人生的事，是問自己：「哪一項技能，如果我在那方面絕對擅長，最有助於增加收入？」結果是「成交」。儘管我不怕去敲陌生人家的門或者拜訪，但是說到成交，要求顧客做出購買的決定，我就會變得不知所措，難以啟齒。

為了彌補銷售訓練的不足，我買了所有關於銷售的書來閱讀，特別是那些明確寫到如何在不施壓或耍心機的情況下，要求潛在顧客購買的書。隨著我了解與練習的愈多，我對銷售也愈來愈得心應手，不到一年，我的收入加倍，然後增加兩倍。兩年內，我的收入增加十倍，並負責雇用和訓練十幾位純佣金制的銷售員作為部屬，當時我二十五歲。

我的第一個大發現

我的第一個突破性的點子是：**為了達成替自己設定的目標，可以去學習所有需要學習的事，幾乎沒有限制**。有時光是多具備一項新的技能，就能使收入加倍而轉變人生。對我而言，這個發現最重要的是，領悟到我的人生和未來完全由我掌控。接下來，我彌補高中沒畢業的事實。剛開始知識不足還不成問題，但是之後當圍繞你的，是一些過去沒有的最佳成功點子，而你依舊懵懂無知，那就不可原諒了。

我買了美國哲學家威爾．杜蘭（Will Durant）的《哲學的故事》（*The*

Story of Philosophy）來讀（最早於一九二六年出版，之後有多種版本），我認為這本書以及其他類似的書籍能教育我，使我變得更加聰慧。

這本書摘要偉大哲學家的思想精華，包括世界上幾位頂尖的智者。特別是希臘哲學家亞里斯多德（Aristotle）的教誨，他顯然是人類史上最偉大的哲學家，人們說，過去兩千年來所有哲學思想，不過是亞里斯多德的註解罷了。

亞里斯多德在大約西元前三五〇年發現一個原理，永遠改變了世界。那個年代的人們相信，事情的發生是基於巧合與奧林帕斯山（Mount Olympus）神祉的不可測行為，亞里斯多德卻提出不同的意見，他說「凡事出皆有因，沒有所謂非比尋常的巧合，凡事發生都有理由。」

如果想達成某個目標，你的任務是找到其他人達成那個目標做過的事，然後不斷做同樣的事，直到精熟相同技能，獲致相同結果為止，這個法則又稱為亞里斯多德學派的「因果原理」（principle of causality），或許是人類已知最重要的法則。

從那一刻起，我研究成功人士，他們白手起家，通過一次次做某些事從而熟能生巧，獲得更好的結果，提高貢獻的價值，賺更多錢。然後，他們守住這些錢。我一次次重複他們做過的事，終究成了百萬富翁。

「你改變了我的人生」

我以專業講者和研討會帶領人的身分，開始去全國各地教授這些原理，之後到世界各地，至今在八十四個國家擁有超過五百萬名學員，其中數千人在把這些原理應用到生活和工作後，已經成為百萬富翁。

最近在華盛頓特區的某場兩千五百人的大型會議中，有位陌生人認出我，朝我走來，說道：「**你改變了我的人生，讓我變有錢。**」

說來也巧，這些年來我聽過無數多次同樣的話，包括面對面和寫給我的電郵與信件，週復一週、年復一年。「你改變我的人生，讓我變有錢。」

我照例問對方，「我的講授內容中，哪些內容對你來說有用？」

他面帶微笑看著我，說出我聽過幾百次的同樣話語：「是目標，在我聽你的節目或讀你的書之前完全不知道，了解自己想要什麼然後每天努力達到，是如此重要的事，是這個觀念改變我的人生。」

在本書中，你學到的不只是一個觀念，也包括永遠改變人生的一系列法則和原理，如何用正確方式設定並達成目標，只是一套你將學會的技巧，你將學習如何一次次，始終如一的應用這些法則，以超乎想像的更快速度發揮自身潛能，達成目標。

PART 1

成為有錢人的十二個心態

01

行動帶來改變——因果法則

決不要試圖以違反自然法則來求取勝利。

問你一個問題：「法則和理論、原理或概念之類的差異為何？」答案是，法則永遠為真——對每個人、在任何時候、任何狀況下，所以才被稱為「法則」，其他概念可能部分為真或部分為偽，視運用概念的人所具備的人格特質以及外部狀況而定，但法則不會變，例如「地心引力法則」。

舉例來說，地心引力法則說，一切東西都會落下，據說這是艾薩克・牛頓爵士（Sir Isaac Newton）坐在樹下，目睹一顆蘋果從樹上落下而發現的法則，他因而導出「第一運動原理」（Law of Motion），這是法則因為它對每個人、在所有情況下永遠為真，地球的物體永遠向下掉落，而不是往上。

許多人對這種永遠不變的法則感到困惑，他們祈願只要他們信仰夠堅定，並且許願獲得某個想要的結果，法則的自然力量將暫停發生作用，使他們得償所願，無論是否採取行動。事實上，他們希望物體向上「掉落」，但是正如前面說的，大自然大公無私，如果大自然反覆無常且難以預測，我們的世界和生活將混沌且難以預測。

亞里斯多德的第一個重大法則是因果法則，新舊約《聖經》（*The Bible*）從播種與收成或原因和結果來解釋，這個規則說，凡事發生都是基於一個或一系列的理由。

這個法則及其多個次要法則，是所有論據、哲學、科學、醫學、物理和幾乎所有人類已知知識的基礎，它是成功和失敗、財富和貧窮，以及幾乎每件發生在你身上事情的理由。

不行動，就不會改變

根據知名物理學家亞伯特．愛因斯坦（Albert Einstein）的定義，作用定律（Law of Action）是說，在某個物體或人移動前，一切都不會發生。換言之，在你採取行動，在你做某件事，且經常是有別於現在所做的事情之前，一切都不會發生。想必你聽過這句古老名言：「做得愈多，收獲愈大。」

我的朋友麥瑞克．史特麥薩克（Marek Stelmaszak）說：「人生的成就，與努力的程度成正比，到頭來唯有你的行動，而不是你說你打算做的事，這才是重點。」

為了獲得巨大成功，一定要隨時想著你當下要採取的特定行動，**所有的成功人士都是高度行動導向，行不通便一再嘗試，要不就換種方式做。**莎士比亞寫道：「要與重重困難奮戰，並將其一掃而空。」

練習

回答以下問題：「哪一項任務或行動，如果你立刻去做而且做得很好，就能對人生產生最大的正面影響？」

無論回答是什麼，停止你正在做的事，改做這項任務，直到百分之百完成為止。

光是這個行動就可能改變你的人生。

02

永遠做得更多——報酬法則

報酬法則說，報酬永遠大於等於付出。

這是個人成功的偉大法則，在物理學中，牛頓第三運動法則說，每個作用力會有相同大小且相反的反作用力。

人生也有個類似的規律，那就是報酬法則，也就是無論付出什麼都將獲得，特別是在工作和人際關係上，你的收獲必將大於等於付出，而且你大多能控制你的付出。

報酬法則的第一個推論：今天你在生活中任何領域的收獲，取決於你如何安排生活。如果你希望未來獲得任何新的或不同的事物，你就必須改變生活的安排方式。

舉例來說，以下是改變生活安排的簡單做法：提早一個小時開始工作，工作到中午，下班後多待一小時。這個簡單的策略能夠替你每天增加有生產力的三小時，使你的生產力和價值相較同儕加倍。

永遠做得更多

總是設法做得比別人更多，而且不擔心多付出的努力是否獲得報酬，你在乎的人都看在眼裡。無論付出多少，終究會獲得，甚至會更多。

美國著名成功學之父吉姆．羅恩（Jim Rohn）說得好：「只要努力發揮才能，你的才能會為你開闢康莊大道。」

報酬法則的第二個推論：是播種與收成法則。這個法則說，**你播的種或付出的努力都將帶來回報，而且往往乘以許多倍。**但是，你只能控制播種或「付出」，至於報酬，會根據自然律自動到來。

著有暢銷書《思考致富》（*Think and Grow Rich*）的成功學大師拿破崙．希爾（Napolen Hill）據聞曾說：「永遠要做的比你拿這份薪水該做的還要多，多走一哩路。交通阻塞決不會發生在這多走的一哩路上。」

練習

不斷問自己：「我如何提高今日貢獻的價值？」不斷找機會為你的事業和其他提供更多、更好的服務。

03

主控權讓你更有力量——掌控法則

根據掌控法則，你感覺自己有多大的掌控度，你對自己和對人生的感覺就多良好。

這個法則連同因果法則，都表示你對自己、對人生的滿意程度，與你感覺自己對於正在發生自身或周遭的一切有多大掌控度相當。當你設定明確目標，將目標寫下，每天朝目標努力，你會體驗極大的掌控感和個人的力量，在你認為重要的事情上前進的每一步，使你更加覺得自己在主掌人生，你不僅比一般人完成更多事，且比今日所能想像的快許多，當你感覺自己完全掌控人生，在生活各領域也將更有能量，更清楚明白。

你的一生中，總是有意識和無意識地，努力對生活的重要部分和各種活動取得更大的掌控，在任何領域感到失控會帶來壓力，特別是人際關係。於是，你往往變得心不在焉，無法思考其他事。**自主權是幸福和個人力量的關鍵。**

此時此刻，人生最重要的價值？

某天下午，擔任管理顧問的好友馬克・沃德曼（Mark Waldman）路過我的辦公室來跟我打招呼，我問他最近在忙什麼，他說目前最主要是幫客戶回答：「**此時此刻，什麼是我人生最重要的價值？**」他提出這個問題，作為與事業上的客戶交談的話頭。

這真是個大哉問。多年來，我研究如何釐清自己的價值觀，我知道價值對幸福人生的重要性，這個練習是我為企業開設策略規畫教程的核心。人最在意和相信的是什麼？

十二位企業主在我的辦公室開會，我向每位提出這個問題，依序回答和討論每個人的答案，下午剩餘的時間討論，則是導出這個問題的答案，結果深具啟發。**請你試著回答，什麼是你生命中最重要的價值？你知道嗎？**

你真正重視的是什麼？

我認為，我生命中最重要的價值是「自由」。對我而言，這比任何其他價值更重要。

由於你的價值總是會表現在行動上，特別是在壓力之下的行動，因此你可以檢視自己過去的行為，看看什麼是對你真正重要的，你真正重視的是什麼。

當你的生活和自己最重要的價值一致，你會發自內心感到快樂。當你放棄內心深處的價值和信念，會感到有壓力而且不快樂，**與最重要的價值和諧共生，是個人成功的重大關鍵。**

這些年來，我發現當「自由」——無論是自身或他人的自由——成為人際關係和商業活動的主要原則，能紓解許多壓力和不快樂，於是你才能多花些時間來提升自己和家人的生活品質，以及你個人的福祉。

你感覺到哪些外在狀況正在限制你的自由？使你無法隨心所欲的主要限制通常是金錢，換言之，你的錢不夠用。

練習

指出今日生活中最重要的價值。

你認同哪些價值？

你不認同哪些價值？

根據你和其他人的互動經驗，他們認為哪些是你重視的價值？

04 「我有責任！」——責任法則

要為你的人生負責，
也要為你在每個狀況下的反應負責。

亞里斯多德教導大家，人類生命的終極目標是幸福快樂，這是人類所有行動的第一股動力，你做的每件事，終極目標是幸福，你希望在行動後會比之前更幸福，唯一的問題是：「你在達成自身的幸福快樂方面有多成功？」

責任法則的第一個推論是：造成不快樂的主要原因是負面情緒，負面情緒的根源或主因幾乎都是某種責備，只要停止責備，負面情緒就會停止，因此人生的主要目標是消除負面情緒，方法是對每件發生在你身上的事負起完全責任，用各種正面情緒來取代負面情緒，就能消除它們。

代替法則（Law of Substitution）說，你可以用一種正面情緒來代替一種負面情緒，每當你因為各種理由感到消極負面或生氣時，消除負面情緒最有威力的方法，是立刻說出以下神奇話語：「我有責任！」接著用你的聰明才智和創造力，向自己跟他人解釋你要為這個情況負責的真正理由，至少你要為你的反應方式負責。當你的心平靜下來時，問自己：「現在我該做什麼？」

意義療法大師維克多・弗蘭克（Viktor Frankl）在他的經典之作《活出意義來》（*Man's Search for Meaning*）中寫道：「人能夠被剝奪一切，除了一件事：**人類的最後自由——在任何既有的狀況下選擇自己的態度，選擇自己的路。**」

責任法則的第二個推論和肯定法則（Law of Affirmation）相關：你以堅定信念對自己說的任何事會成為一個新指令，推翻所有在此之前與之矛盾的思維，你成為你對自己說的和你相信的那個樣子。

話語的選擇很重要。舉例來說，「問題」（problem）這個字是負面的，會帶來壓力且往往使人憤怒或沮喪，相反地，用「情況」（situation）來取代問題，「目前有個有意思的情況。」你處理情況，無所謂好壞。更好的字眼是「挑戰」，你會去因應它，並激發最大潛能。

掌控某個情況的最佳字眼是「機會」。「有一個有意思的機會。」你會去把握並且尋求機會，當你把許多困難和挫折視為潛在機會，就會成為突破點，帶來成功與財富，幾乎每個問題或困難當中，都存在同等程度或更大的機會或好處的種子，你的責任是去發現它。

責任法則的第三個推論：是發現幾乎所有負面情緒，都是因為把生活中不快樂的事怪罪某人或某件事，有個心理學的奇蹟，就是當你一承擔起責任，你就不再責怪他人，同時，所有負面情緒也將嘎然而止。

成為完全正向的人，可以用一個強有力的正面肯定，那就是對自己說：「我有責任。」

掌控你的思維

從你承擔責任並停止責怪的那一刻起，所有負面情緒立即停止，取而代之的是正面情緒。

在科學上，我們知道大自然厭惡真空狀態，你的心會不斷思考你的負面感受，直到你用正向思維來取代，一旦消除建立在責備基礎上的負面情緒，用建立在承擔責任基礎上的正面情緒來取代，你的負面情緒就會停止。

完全掌控思維和情緒的神奇字眼是「我有責任！我有責任！我有責任！」

責任法則的第四個推論是接受。絕不容許自己對無法改變的事難過或不快樂，此外，你無法改變過去發生的事。從此時此刻起，看看過去的錯誤與挫折，尋求幫助未來更成功的寶貴教訓，其他的一切就放下。

責任法則的第五個推論是原諒。今天下定決心坦率地原諒，並忘記任何人用任何方式傷害過你的所有事，那已經是過去式了，無法被改變。放下吧。

許多心理學家、心理醫師和顧問，大部分的時間都在幫助人們與過去的事件和解，經常回到童年。許多人依然對許久以前發生、無法改變的事感到憤怒或沮喪，解決之道幾乎都是拿出力量和勇氣，將它放下。

巴頓將軍（George S. Patton）曾經說過關於撤退的事：「我不喜歡為同一筆不動產付兩次錢。」

在人生中，如果你對過去無法改變的事一直不開心，等於是為同樣不快樂的事件一而再、再而三地付出代價，相反地，運用你的創意，想想自己或許要對曾經發生的事負起責任，至少是在過去。對自己嚴格一些，然後就放下吧。

練習

從今日起，用「我有責任」的神奇字眼，來回應生活中每個挫折或困難；用你美好的心，找出你有責任的理由，指出你從每一件挫折或困難中，學到哪些對未來有幫助的教訓。

05

我決定變有錢——心態法則

你對錢財的態度，無論是豐足感或匱乏感，將對你是否變得富有產生重大的影響。

心態法則很簡單：金錢是尋求自由所不可或缺的因素。有一回，一位研討會的學員告訴我：「金錢就像食物，當你不虞匱乏時不會想到它，但是不夠時，便會滿腦子都是它。」

人生的主要目標之一應該是財務獨立。自由的真正關鍵，是擁有足夠的金錢，永遠不必再為錢煩惱，好消息是，今天要達到財務獨立比過去任何時候都要容易，環繞在我們周遭的是財富和機會，你的目標應該是全力參與愈來愈多人所謂的「人類的黃金年代」。

我們生活在豐盛的宇宙中，四周是祝福和機會，來獲得真正想要的一切，你對錢財的態度，無論是豐足感或是匱乏感，將對你是否變得富有產生重大的影響。

財務獨立的關鍵之一，是不斷找機會來提供人們想要、需要且願意付錢購買的商品和服務，你只需要一個好點子，讓你啟程前往致富之路。

財務獨立的第一個推論說：人變得富有，是因為他們決定要變富有。

個人變得富有，是因為他們相信自己辦得到，因為深信不疑便這麼去做，他們總是在做一些實現信念的事，而且他們決不放棄。

財務獨立的第二個推論說：人之所以會貧窮，是因為他們還沒有決定要變富有。

音樂作家馬克．費雪（Mark Fisher）在二〇一〇年的著作《速成鉅富》（*The Instant Millionaire*）中寫道，年長的百萬富翁問一位想成為百萬富翁而前來尋求建議的男孩：「你怎麼還沒變有錢？」

問自己這個重要的問題，回答這問題的方式，透露你自己是個什麼樣的人，你的答案將暴露你自我侷限的信念、你的懷疑、恐懼、藉口、合理化以及正當理由。

「你怎麼還沒成為有錢人？」寫下你能想到的所有理由。和一位很了解你的人逐一檢視答案，尋求對方的意見。或許你會很驚訝地發現，你的理由多半是千篇一律的藉口。

無論理由或藉口是什麼，現在你可以甩掉它們，世界上有數百萬人需要克服的困難遠超乎你能想像，卻義無反顧獲得成功。你也可以。

想像你若成為有錢人，你會怎麼花錢？

想像若你意外地繼承一筆遺產或是中樂透，首先你會做什麼？有錢人或即將富有的人，似乎會先想到如何把這筆意外之財存起來、投資，以及用錢賺更多錢。

當一般人苦思意外之財的到來，首先，他們想到的是如何花那筆錢，以便過上更好的生活，中樂透的人大多在幾年內又變回窮光蛋，如果他們不改變內在的思維，幾乎無法獲得外在長遠的好處。

練習

問你自己：「如果我得到一筆意外之財，首先會做什麼？」你的答案將透露出你是什麼樣的人，以及你致富的可能性。

成為吸金磁鐵

金錢有其自身之能量，而且多半會被善待它的人所吸引，**金錢往往流向**

的，**是那些證明自己能用最有效率的方式，用它來生產商品和服務，以及投資以創造就業機會和造福他人的人。**另一方面，金錢會遠離那些使用不當或是用無效率方式花錢的人，古諺有云：「愚痴者難守財。」

你的責任是腳踏實地努力賺錢，並且用錢來提升自身和你關心的人的生活品質。

練習

計算你需要多少錢才能退休，而且永遠不用再工作。

大部分的人從沒做過這個練習，但你不可能達到一個你看不到的目標。

練習

想像你有無限可能，成為某個樣子、做某些事或擁有某些東西。你在當前的職業中，可以學習任何主題，或獲得任何程度的成功，唯一牽絆你的，是你對自己和對能力缺乏信心。

問自己：「你的第一步是什麼？」

06

思考力是超能力——心念法則

發生在你身上的一切，是由某種想法開始，

思維是生活中主要的創造力量。

根據心念法則，思考能力是你個人的最大力量。這個法則說，我們生活的世界是由法則主宰，而不是機會主宰，**發生在你身上的一切，是由某種想法開始，無論是你的想法還是別人的想法**。這個法則說，凡事發生皆有理由，無論知不知道是什麼。成功或失敗、富有或貧窮，每個結果都是由某種心理因素所造成，每個想法或行動都會產生某種結果或後果，無論我們是否看得到、是否喜歡。想法是原因，狀態是結果。

如果能清楚知道你想要的結果，並且用你的心眼清晰見到，你大概可以達成。你可以研究達到相同目標的人，藉由做他們做過的事，達到相同的結果。

心念法則還說，財務成功是果，來自某些因，當你找出這些原因，在生活中實踐，你將與數百萬人一樣得到相同結果，只要你做和在你之前的人為了獲取相同結果所做的事，你想要多少錢就能得到，否則你將得不到任何錢，就是這麼簡單。大自然大公無私，不會偏袒任何人。

這個放諸四海皆準的心念法則，最重要的關鍵在於，你的思維是因，狀態是果。

思維具創造性

心念法則換種方式說，是「思維具創造力」。你的思維是你生活中主要的創造力量，思維方式會創造、形塑和設計你的整個世界，生活中所有的人和處境，都是由你自己的思維或從他人接收到的心態所創造出來的，改變思維也改變人生，有時在幾秒之內。

練習

指出生活中有哪個領域，因為自我侷限的信念而裹足不前。

創造並牢記正面的信念，直到成為你對這領域的慣性思考方式。

最好的信念是，你命中注定獲得財務上的巨大成功。

07 讓想法成為現實——思維法則

決定你的感受和反應的，不是發生在你身上的事，
而是你如何看待發生在你身上的事。

思維法則說，你成為你多半時間想的那個樣子。決定你的感受和反應的，不是發生在你身上的事，而是你如何看待發生在你身上的事。掌控你的境遇和狀況的不是外在世界，是你內在的世界創造你人生的狀況，明確地說，你對金錢和財務處境的想法，相當程度決定了你今日和明日的財務狀況。

貧窮 vs. 分無分文

以下是麥克・塔德（Mike Todd）的故事，他是百老匯戲劇的知名製作人和導演，他因為一齣劇失敗而賠光所有的錢，一位朋友問他：「麥克啊，貧窮是什麼感覺？」

據說塔德給了妙答：「我從不貧窮，只有身無分文，貧窮是心理的框架，身無分文只是一時的。」

後來他製作另一部戲劇，結果在百老匯上演後相當轟動，之後好幾年一齣接著一齣，全部都有很好的成績，至今他依然是個傳奇。

挫折只是一時

無論面臨什麼問題，那些只是一時的。問題的到來是要教你寶貴的教訓，讓你為接下來的重大成功做好準備，若是沒有犯過許多錯，就不可能獲得巨大的成功。

醫學界說，正確的診斷等於是一半的治療。檢視你人生中最重要的部分，包括家庭、健康、工作、財務狀況，觀察你的思維、感受和行動與結果之間的因果關係，坦誠面對自己。專注在教訓上，其他的則是放下。

知名傳教士雷格蘭・理查茲（LeGrand Richards）曾經說過：「太陽底下每一件擔心的事，都有或沒有解決之道，如果有，趕快找到它，如果沒有，就別放在心上。」

練習

如果你能揮動一根魔杖，讓生活完美無瑕，你的人生會跟今天的有什麼不同？

問自己：「創造完美人生的第一步是什麼？」

08

一切都在幫你成功——信念法則

信念法則說，凡發自內心相信的，便成為你的實境。

美國心理學之父、哈佛教授威廉·詹姆斯（William James）說：「信念幫助創造事實。」你的行動方式總是與信念一致，特別是你自己的信念，你的信念就像過濾器，過濾掉與信念不一致的資訊，你未必相信你所見，但你會看見你相信為真的。

無論你的信念、偏見和先入為主的觀念是否有事實根據，你會拒絕接受與你決定相信的資訊矛盾的資訊，尤其是關於金錢。

你能夠建立的最佳信念，就是你命中注定在財務上獲致巨大成功，相信凡是發生在你身上的事，以及每一個問題或一時的挫折，都隸屬於一個使你致富的大計畫。當你絕對確信自己正在創造財務上的成功，你將開始做出讓這件事成真的行為。

你學到了什麼？

幾年前，我跟幾位富商住在一處釣魚的小屋，我們每個晚上都在一起吃飯飲酒，他們都會聊工作上的經驗，和曾經犯過的許多錯，但都不曾提到自己的財富或成功。他們聊著，笑談自己學到的教訓，造就今日的富有。

你也應該這麼做。從每一次挫折中吸取教訓，把它們寫下來，定時複習。下定決心要從每次錯誤中學習，**不要為同一個問題付兩次代價**。

挑戰自我侷限的信念

最糟糕的信念叫做「自我侷限」的信念，也就是相信自己在某方面受到限制，心靈作家路易斯．海（Louise Hay）說，人最常見的問題，是感覺「我不夠好。」

許多人由於童年受到嚴厲批評或成年的負面經驗，就認定自己缺乏足夠的才能或能力，或者比不過別人。

事實上，沒有人比你好，沒有人比你聰明。如果此刻別人的表現比較好，多半是因為他們比你更早就培養了比你更多的天份和能力，他們在你之前，就已經學會應用在生活和財務的因果法則。但是其他人做的任何事，在合理的範圍內，你大概都辦得到，只需要學會怎麼做。

美國總統亞伯拉罕．林肯（Abraham Lincoln）曾經說過：「有些一無所有的人成功，證明別人也能成功。」

以下問題很重要：「如果你知道自己不會失敗，你敢放膽去夢想哪一件偉大的事？」

如果你不受限制，擁有所有的時間、金錢、才能、技能和所需的人脈，你會想做什麼、成為什麼樣的人，或者希望在人生中擁有什麼？你愈清楚問題的答案，人生就會愈快獲得改善，且往往是以最不可思議的方式。

練習

挑選一個你想在未來幾週和幾個月內達成的目標，寫下來。

訂定一個達成目標的計畫，每天努力。（本書稍後將詳細探討目標的設定與達成。）

不要拖延。立刻寫下你的首要目標，「下意識」和「超意識腦」就能開始實現它。

09

成為自己的算命師——期待法則

你對他人說的，或者你談論他人的一切，
將回到你的身上。

期待法則說，凡是充滿信心期待的事物，會成為你對自己的心理暗示。你一直扮演著自己的算命師，根據你如何看待和談論自己的未來，當你信心滿滿期待好事發生，好事通常會發生在你身上，如果你預期不好的事會發生，你通常不會失望。

期待有錢的人會富有，無論短期發生什麼事。期待成功的人會成功，期待快樂和受歡迎的人會快樂、受歡迎，你的期待多半由你自己控制。

心理暗示

加州大學與哈佛大學教授羅伯特．羅森塔爾（Robert Rosenthal）經過多年實驗得到結論，那就是，你對自己的期待成為你自己的心理暗示，他也發現人們過度受自己崇拜與景仰的人的期待所影響。

慎選你的模範，只和期待你會有好表現的人交往，多跟你崇拜且會鼓舞你的人相處，將他們作為你的行為典範，記住，由內而外。

你對尊敬你的人能產生重大影響力，特別是家人和同事，不斷告訴他們，你相信他們，對他們的能力有信心，製造迴力鏢效應，你對他人說的任何正向話語，往往會回到自己身上，使你覺得自己更好。

期待最好的自己

創造正向期待的力場，期待最好的你，想像你有無限能力，能完成所有你想到的事，想像你的未來只受自己想像力侷限，你至今完成的一切，只是你真正能夠完成的一小部分，想像你最偉大的時刻就在眼前，過去發生在你身上的，只是為還沒到來的好事預做準備，莎士比亞寫道，「過去的只是序曲。」

練習

創造自己的期待力場，總是期待你自己和他人發生好事，不斷環顧四周，設法用正向期待來鼓舞人們，特別是家人和同事；因為你知道你對他人說的，或者你談論他人的一切，將再度回到你的身上。

10 好運磁鐵——吸引力法則

建立起正向情緒能量的力場，
吸引人們、想法和機會進入生命中。

根據吸引力法則，你是個活生生的磁鐵，總是把那些與你中心思想與情緒基調一致的人、處境和狀況，吸引到你的生活中。

吸引力法則三要素

在生活中，提高吸引力法則力量的要素有三：一、**肯定**（affirmation），即你說的話，二、**視覺化**，即你用心眼看到的，三、**情緒化**，即當你想到你想要的某件事物時，感受或情緒的強烈程度。

情緒是個厲害的乘數。你在目標或想要的結果中注入愈多情緒，就能產生愈多能量，愈快吸引好事進入生命中。

但情緒是個雙面刃。如果你帶著恐懼、懷疑或任何負面情緒，來思考你想要的，就會抵消吸引力法則並啟動排斥法則（Law of Repulsion），將目標逼出你的人生之外。

改變思維方式

吸引力法則解釋許多關於事業和個人生活中成功與失敗的原因，它說在你生命中吸引到的每件事，是因為你的思維方式。你能改變你的思維方式，因而能改變自己的人生，那是你能完全掌控的一件事。

當你對財務成功產生熾熱的慾望且經常思考它，就建立起正向情緒能量的力場，吸引人們、想法和機會進入你的生命中，幫助你實現目標。

現在就檢視你的財務，看如何和你的思維協調一致，把生命中所有好事歸因於自己，這些好事會發生，是因為你吸引它們進入你的生命中，接著看看在你的周遭有哪些不喜歡的事，為這些事承擔責任，這些不喜歡的事存在，是因為你自己的思維存在一些瑕疵，瑕疵是什麼，你如何處理？改變思維，也就能夠改變人生。

練習

規定自己只可以思考和談論真正想要的，拒絕思考或談論不想要的。

不斷閱讀，聽 Podcast 與參加研討會，學習更多有關達到成功所需嫻熟的科目，和正向的人與贏家往來，遠離會將你拖下水的負面的人。

11

人生是三百六十度鏡子——鏡子法則

人際關係永遠反映你的內在，態度、健康和財務狀況，反映你多數時間的想法。

鏡子法則說，你的外在世界反映你的內在世界，且與你的主要思維模式相應。這個特別的原理解釋生命中多數快樂與不快樂、成功與失敗、偉大和渺小。我研究這個領域多年，在面對這個力量強大的法則時依然感到敬畏，就像站在大峽谷前，注視著遠方的遼闊無垠。

想一想！你的外在世界像一面鏡子，反映內在世界的方方面面，除非與你內在的某件事相應，否則長遠的未來不會有任何事發生在你身上，或者為你而發生。因此，如果想改變或改善外在生活，一定要從改變內心做起。

不滿意你的收入嗎？沒問題！走到鏡子前，跟主管交涉加薪。問對方：「我該做什麼，才能賺更多錢？」

心理等價

有時這被稱為「心理等價」。你生命中最大的責任，是在內心創造與你外在想要感受的心理等價。除非先在內在創造某件事，否則無法在外在達成它。

不妨把人生想成一面三百六十度的鏡子，無論看哪裡都有你，舉例來說，**你的人際關係永遠反映你的內在是個怎麼樣的人，你的態度、健康和財務狀況，反映你多數時間的想法。**

鏡子法則是幾乎所有宗教和思想學派的基本法則，這真是個大好消息，它是通往個人自由和幸福快樂的關鍵，也是開啟巨大成功和成就的鎖鑰。

世界上只有一件事你能控制，那就是你的思維方式。當你完全掌控自己的思維，就掌控生命的每一面，只思考與談論你想要的，拒絕思考或談論不想要的，你就成了自己命運的建築師，創造自己的未來。

我如何找到夢幻之屋

你可以用以下方式，向自己證明這些法則。根據我的經驗，幾乎每個人對自己的夢幻之屋都有點概念，一般人生命的多數時間，都嚮往能找到心目中完美的房子，我剛結婚時也是如此，當時我和芭芭拉決定實踐相應法則及書中其他許多法則，找到並且購買我們的夢幻之屋。

首先，我們把完美屋子具備的每一項特點記在筆記本上，經過一段時間，總共累積了四十二項，是我們希望夢幻之屋具備的。

接著，我們訂閱如《美麗的房子》（*House Beautiful*）、《好家好庭院》（*Better Homes and Gardens*）以及《建築文摘》（*Architectural Digest*）等雜誌，

我們每個月閱讀這些雜誌，把喜歡的照片剪下來。到了周末，我們去高級地段參觀公開展售的房子，我們把整間屋子走一遍，彷彿考慮近期內將買下它，針對房子從裡到外的特點，評論和討論喜歡或不喜歡的地方。

我們在尋找夢幻之屋時，已經開始了一項事業，而且把大部分的錢都虧了，這對新創企業家來說，並不是稀奇的事。我們賣掉小房子，搬進一間出租屋，當時我們經濟拮据，就算找到完美的房子，也沒有錢支付頭期款。

但是，有件事情發生了，而且注定要發生。我們的事業逐漸有起色，錢愈賺愈多。不到一年，我們就存夠了錢，替一間小而美的房子支付頭期款，但我們知道就長期來說，這並不是完美的房子，我們知道還有更好的房子。

我們繼續一邊工作一邊存錢。又過了不到兩年，我們把自住的房子賣掉賺了一點錢，因而手頭有了足夠的錢，就在看了超過一百五十間待售的房子後，終於找到心目中完美的房子，在我們希望完美房子具備的四十二項特點中，這間房子擁有其中四十一項，而且完全是經濟能力所及。

我們買了房子，搬進去住，度過婚姻生涯，我們在這間房子養育四個孩子，而且完全沒打算離開。由於當初做好心理準備，因此我們做出對的決定，為自己找到完美的房子，而且從不曾後悔。

敞開心胸，放手一試

在研討會中，我有時會講到關於尋找夢幻之屋的故事，一、兩年後，學員一次次來找我，或者寫信或電郵給我，說他們按照我們夫妻做過的事，在一兩年內改善了財務狀況，賺更多錢，找到完美的房子，買下它並且搬了進去，而且非常滿意。

如果你像大部分人一樣，大概會對這個故事有點懷疑，好消息是你不必相信我的話，甚至不用花一毛錢，只需要清楚了解，你真正想要的完美房子是什麼樣子，把它寫下。買幾本雜誌，從裡到外拍幾張心目中完美房子的照片，靜待接下來會發生的事。

或許這會是你做過最好的決定。務必去美麗的地段參觀開放展售的房子，從頭到尾走一走，想像你已經擁有它，或者隨時都能買下。

當你做這項練習時，也逐漸從正向思考進入正向理解。當你信心滿滿，相信目標正朝著你而來，實現它只是遲早的事。

一般人聽到類似故事時，經常會說：「是啦，但是萬一沒有用呢？」這是一個錯的問題。優秀的人會問，「如果真的有用呢？」

替你對完美房子的思維重新設定程式，要花多少代價？答案是「零」。何不放手一試？

練習

想像你不受任何限制。根據雜誌看到的，設計你心目中完美的屋子，然後到美麗的地段參觀公開展售的屋子，要有可能會感到驚喜的心理準備。

接著，開始用這方法，想像你希望生命中發生的所有好事，把這些事寫下並經常思考。要有可能會感到驚喜的心理準備。

12

所有法則之集大成——超意識活動法則

根據超意識活動法則，持續保有在意識腦的所有思維、計畫、目標或觀念，必定會被你的超意識腦實現。

這是最重要的法則，是所有宗教、哲學、超自然學派的基本原理，也是四千多年來所有偉大思想家最偉大思想的基礎。這是所有精神和心靈法則的集大成法則也是催化劑，超意識腦有時被稱為「宇宙意識」（cosmic consciousness）、「超級身分」（the super id），甚至是「神之腦」（God mind）。拉爾夫·沃爾多·愛默生（Ralph Waldo Emerson）稱它為「超靈」（Over-soul），也有人稱之為全體的「潛意識腦」（universal subconscious mind）。

有時人們會問：「若我想成功，該如何記住這所有的法則和原理？」

答案是，你無須記住所有法則，只要記住這條即可。這個法則匯聚本書至今談到的所有法則，以及除此之外的其他許多法則，使你能超乎夢想地成就更多，而且更快速。

和諧匯聚

在星球科學中，有一種理論的事件叫做「和諧匯聚」（a harmonic convergence），這是所有星球排成一列，創造巨大的重力，能改變地球上所有的自然力量。

這就相當於前面探討過的精神法則，超意識活動法則使所有法則和諧共同運作，幫助你達成最熱切渴望的目標，可以把它想成一種威力強大的廣播系統，傳送你的思維，並在最正確的時刻把你想要和需要的事物，分毫不差地回傳給你。

你只需要記住並且平靜接受，超意識活動法則每天二十四小時在你醒著或睡著時都在運作，你愈放鬆且愈是相信這個法則正在你的內在和你周遭運作，它就會以愈快且愈可預測的方式對你發生作用。這個法則確保你想要和需要的，會在你的心理做好準備時，毫釐不差地降臨你的身上。

這個法則將其他所有法則和原理匯聚成一個和諧狀態，快速地使你以更短的時間，達到超乎想像的更多成就。

三腦合一

現代心理學中，我們了解每個人其實有三個腦，意識腦、潛意識腦、超意識腦。心理學大多聚焦在前二者。

你的第一個腦也就是「意識腦」，是基本的作業系統，負責處理你透過視覺、聽覺、觸覺、嗅覺、味覺等各種感官以及各種運動接收到的所有資料。

潛意識腦則大不相同，它不創造，只遵照指令。這個腦就像一間巨大的圖書館或電腦，接收和取出資訊、想法與情緒。它負責使你的外在世界，跟你設定的內在世界和諧運作。

它不會更動你放入的資訊，所以人們常說：「垃圾進、垃圾出」。但是別忘了相反地：「好事進、好事出」。

超意識腦可以立即取得儲存在意識腦和潛意識腦中的所有資訊和資料，此外，超意識腦能取得宇宙中任何地方的新資訊與不同的資訊。

你隨時可以開始讓你的腦中，充滿你想要的人生，以及與你想要成為的人一致的，正向、有建設性的訊息和令人興奮的想法、圖像和目標，你的超意識腦將很快吸引這些正面形象進入你的實相中。

心理學家西格蒙德．佛洛伊德（Sigmund Freud）稱這三種腦為「本我」（我是）、「自我」（你的潛意識腦）以及「超我」，也就是我們所稱的「超意識」。

所有被設計成彷彿一件件藝術品的創造性突破、嶄新想法、發明、技術、藝術、音樂、詩歌文學，以及建築物（想想帕德嫩神廟〔Parthenon〕、泰姬瑪哈陵〔Taj Mahal〕或羅浮宮〔Louvre〕）等，都是超意識腦的具體呈現。

你想要的一切也想要你

當你完全清楚自己想要的，而且把強烈的慾望跟圖像，與快樂和興奮的情緒結合，你就啟動了「超意識腦」，開始吸引人、金錢和狀況進入生命中，使你用超乎想像的速度達成目標，你會想出突破性的點子解決問題並達成目標。

你愈是充滿信心，仰賴「超意識腦」在最正確的時候，用正確的方式幫助你，它就會愈快且愈精準地帶給你想要的東西，在最好的時機，一刻不早、一刻不遲。

如何啟動「超意識腦」一致性地為你工作？答案很簡單、經過實證，且切合實際，在人類歷史上一直被用來解決問題，並且製造創造性的突破。一種做法是設定目標，法則13「目標設定法則」將會討論，另一種稱為「靜心」（mind calming），比其他方法更快啟動你的超意識腦。

靜心

冥想是快速啟動超意識腦的好方法，或稱為「靜心」，當你進入靜默，使內心沉靜下來，消除所有壓力和憂慮，「超意識腦」便開始運作。任何時候當你遇到問題、憂慮或目標，進入靜默的狀態，把心靜下來，就只是靜靜坐著，等待答案的到來。

每當你有個想達成的目標，卻不知道如何達成，或者有個問題想解決，卻不知如何解決時，就進入靜默的狀態。

選一個完全不受打擾的地方，靜靜坐著大約半小時。地點不拘，但戶外或自然環境似乎最快能刺激超意識的活動，坐在後門廊或院子裡，坐在公園或海邊，深呼吸。啟動「超意識腦」的關鍵是靜默和沉靜。

進入靜默狀態

在這時候，完全不要花力氣。不要試圖控制你的思維，當你在靜默中安靜坐著時，就只是讓心自由漂浮，過了大約二十五分鐘或三十分鐘，奇妙的事情會發生。

你最大問題的答案，或是達成最重要目標所需採取的下一步，將會出現你的腦中，就像一隻小鳥在你肩上靜靜地一動不動。答案會非常清晰，將會解決目標或問題的每個層面，在每方面都是完美無瑕。

接著你站起來做你的事，信心滿滿地清楚知道該怎麼做、如何做，以及何時做。

這是個簡單的練習，這些年來我學會並且身體力行，同時教給數千人。對每個人在各種情況下似乎都有用。

試一次，向自己證明它的威力。它往往節省你大量時間金錢，達到相同程度的成就。

大部分的人在生命中從不曾獨自靜靜坐著半小時，也因此無法獲得個人成功和快樂的強力工具。

練習

為了解決問題或達成目標，進入靜默狀態。

不受打擾地安靜坐半小時，看看會發生什麼，或許會令你大吃一驚。你的超意識腦在信心和信賴的心理氛圍中能發揮最佳功能。

請定期做這個練習。

PART 2

關於實作技巧的二十條法則

13

正向上癮——目標設定法則

目標設定法則說，只要你願意付出足夠的努力且持續得夠久，就能達成你為自己設定的任何目標。

在生命的各領域設定與達成目標，是人類生命的奇蹟，只要實行以下介紹的簡單程序，將省下數月甚至數年的努力，達成相同程度的收入和成就，這個設定和達成目標的祕方，為你啟動所有心理法則（mental laws），尤其是「超意識活動法則」。

清晰和聚焦的重要性

在設定和達成目標以及取得整體成功方面，最重要的是「清晰」和「聚焦」。首先，你必須絕對清楚你想要什麼，否則如果你發送一個訊息後，又送出一個矛盾的訊息，等於是傳送混淆的訊息給你的「潛意識」和「超意識腦」，導致令人困惑的結果，或完全沒有結果。

如果你想著會成功，接著又想到失敗，結果前進幾步又後退，到頭來，你會發現自己還在原地。正所謂「垃圾進、垃圾出」。

薛西佛斯的神話

有個知名的希臘神話，一名叫薛西佛斯的柯林斯（Corinth）國王，這位國王受到冥王黑蒂斯（Hades）詛咒，將巨石推向山丘，每當接近山頂時，巨石又滾下山，薛西佛斯被迫永遠重複做這件事，今天我們把看似無止境的徒勞無功之事，稱為「薛西佛斯式」。

許多人覺得自己整個職業生涯都在做這樣的事，才有了一點進展，又倒退了些。到頭來，他們頂多只是前進了一點點，他們的金錢和所面臨的個人問題，跟多年前剛開始時一樣。

聚焦和完成的力量

為了在所有重要的事情上獲得成功，每次一定要一心一意只聚焦且專注在一件事情上，持續愈久愈好，直到完成為止。許多人長時間努力達成目標，卻在最後一分鐘，有時是在剩下最後五%的路口時，開始製造藉口、放棄、參與社交活動或休假，這樣的人多到令人驚訝。他們不堅持到底，完成那個將對生命帶來重大改變的任務或目標。

三番兩次都未能堅持到完成任務或目標，便形成牢不可破的習慣。

養成拖延和半途而廢的習慣是一件容易的事，但培養有始有終的習慣也相當容易。好消息是，每當你開始並完成一項任務，正向賀爾蒙會立即衝高，包括像是多巴胺、血清素、催產素，特別是腦內啡，這些經常被稱為「自然界的快樂丸」，使你自然地情緒高亢，而且完全是有益健康的，讓你產生一陣幸福感且充滿力量，感覺自己是人生勝利組。

培養正向上癮症

二十一世紀偉大的心理學家威廉·葛拉索（William Glasser）於一九七六年寫了《正向上癮》（*Positive Addiction*）一書，他的概念很簡單，你所做的每件事，無論成功或失敗，都會激起腦中正向或負面的化學物質，日積月累下，便養成習慣用正向方式啟動好的化學物質，舉例來說，你喜歡每當開始並完成任何任務時的快樂感受，就是一種正向成癮症，快樂的感受使你一而再、再而三地做這些事，直到形成新的習慣為止。

你一再說或做的事，終究會成為一個新的習慣。一開始，養成新習慣不容易，但是經過一段時間後，就愈來愈得心應手，曾經需要很大努力開始的，不久後就變得像騎腳踏車般容易且不假思索，簡單來說，成功的人擁有成功的習慣，不成功的人還沒有養成這些成功的習慣，但只要有心就做得到。

以下是另一個發現。如果你從頭到尾完成一項小任務，正向化學物質會輕微飆升，你會感到快樂，但只是一點。但是，當你開始並完成最大、最重要的任務時，同樣的正向化學物質會快速湧現，你會感到妙不可言，經常大笑出聲，感覺自己是人生勝利組，體驗人類情緒的終極，那就是喜悅。你會想開始並完成另一項類似甚至更大的任務，再次體驗那樣的感受。

從卡車司機到創立紐西蘭最大貨運公司

幾年前，布萊恩崔西國際公司（Brian Tracy International）舉辦一場為期兩天的密集商業課程，稱為聖地牙哥完全商業制霸（Total Business Mastery in San Diego），有一天我們接到位在紐西蘭奧克蘭一位潛在客戶的電話，電話中的人被我的目標設定教材深受影響，想和七位公司同事一起飛到聖地牙哥參加這門課，我們欣然同意並且迎接他。

在課程中，「理查」把我拉到一邊，跟我說他的故事，令我永生難忘。多年前，出身勞工家庭的他是個普通的卡車司機，負責行駛紐西蘭的某條路線，載運包裹和貨物。後來他讀到我關於目標的教材，他問自己：「如果我想達成一個目標，哪一個目標對我的人生將會有最大的正面影響？」

當時他為一家大公司開卡車，運送收入要分三分之一給卡車車主，三分之一給貨運公司，剩下的三分之一才是司機的，如果他有自己的卡車，就可以賺取運費的三分之二。

於是這成了他的目標。他將目標寫下，訂定計畫，與妻子和兩個兒子開始朝目標努力，不到一年，他就存夠了錢支付購買卡車的頭期款，他的收入幾乎加倍，於是他決定再買一輛卡車，他長時間辛苦工作，把錢存起來，第二年底前買了第二輛卡車，可想而知他的收入增加了一倍又一倍。

接下來的十年，他買進卡車並且換購卡車，他開設自己的卡車公司，等他來到聖地牙哥參加我們的研討會時，已經擁有一百一十輛卡車，是紐西蘭最大的貨運公司。他告訴我，一切都開始於寫下目標，訂定計畫，並且每週七天按照計畫努力。

我常說這故事，它說明有了清楚、明確的目標和計畫時可能發生的事。基於早先我解釋的理由，**只要目標清晰明確，就會吸引實現計畫所需的人、資源、想法和金錢，進入你的生命中。**

七步驟目標設定公式

當我找到自己的目標時，我二十五歲，身無分文。但是，目標永遠改變我的人生，從那時候起，我就終身學習目標設定和目標達成，我已經把我的目標設定公式教給八十四個國家的人，目標帶著我和數百萬人從貧窮到富有。

如本書前面所言，我從世界各地的人們口中，最常聽到的是「你改變我的人生，你讓我變有錢。」

這是因為他們幾乎是有生以來頭一回學習如何設定目標，從而啟動心理和物質面的金錢法則，釋放個人力量，並達到超乎想像的成就，完全掌控人生。

第一步：決定你究竟想要什麼

第一步也是巨大的一步，使接下來的各步驟成為可能。決定你究竟想要什麼。俗話說，如果無法向六歲孩子解釋，就代表你自己還不了解。清晰是絕對必要的事。

第二步：寫下來

決定究竟想要什麼，把它寫在紙上，是你人生的轉捩點。無論你想要什麼，都用現在式將它寫下，彷彿已經達成目標。當你寫下時，就立即被設定進入你的潛意識和超意識腦，接著它們每天二十四小時開始努力達成你的目標，直到實現為止。你的目標開始用它自己的力量改變你的人生。有時速度比你想像的還要快。寫下來，寫下來，寫下來。

我目前的教練課程

二〇〇一年，我開始提供個人教練課程給年收入不少於十萬美元的企業主。我們在一起的一年當中，在四天課程的第一天，我會發給每個人學校用的筆記本，說：「現在，我想把你介紹給你最好的新朋友。」

「如果你們按照我的目標設定指導，（以及一年當中做過的五十多個商業練習），你們的收入將加倍，休閒時間也加倍。」結果他們都辦到了，無一例外，而且大部分的人在第一個月就達標，不必經過十二個月。

用三個P設定目標

做我個人教練課程的練習。找一本筆記本，在第一頁頂端寫下今天的日期，接著寫下未來一年左右，你想達成的十個目標。短期目標比長期目標更能激勵人心，因為你能比較清楚看到它們。你可以有十年或二十年的目標，但針對這項練習，只寫下你在未來一年內想達成的十個目標即可。

務必用一種特別的方式來寫這些目標，使用3個P原則，也就是目標必須使用**現在式（present tense）**、**正面表述（positive）**以及屬於你**個人（personal）**，彷彿這些目標已經被達成。除非使用現在式，否則你的潛意識和超意識腦無法接受指令，不要說「我**將會**賺到（某個金額）的錢」，要說「某年某月之前我賺到（某個金額）的錢」。

使用正面表述。用你的話語創造一個正面圖像，例如「我和家人住在一間一百二十坪的美麗屋子裡。」

當你想到或談論目標時，務必使用「我」這個字。你的「潛意識」和「超意識腦」完全按照字面的意思運作，接收並根據目標的最單純定義發揮作用。

第三步：設定期限

清晰明確的截止日期，就像個強制系統，有意識和無意識地驅動並且激勵你採取行動，沒有期限的目標不具備動力，就只是個目標而已。

如果期限到了還沒達成目標，該怎麼辦？簡單。你設定一個新的期限，通常不可能精準掌握何時達成目標，因為你多半還沒做過這個練習。沒有所謂不切實際的目標，只有不切實際的期限。

如果目標很大或者複雜，**把目標細分成許多小部分，一次完成一個**。運用成功的「動量原理」（momentum principle），著手開始並持續下去，隨著動量的蓄積，也加速朝目標前進，而目標也開始加速朝你前進。

這就是為什麼，**八〇%的成果，發生在最後二〇%的時間**。大部分的人會在什麼時候放棄？答案是在他們努力許久，快要實現之前，別讓這種事發生在你的身上。

第四步：寫一份清單

列出所有能幫你達成目標的事。當你想到有新的事情該做時，也要加入清單之中。阿圖．葛文德（Atul Gawande）於二〇一一年出版的《清單革命：不犯錯的祕密武器》（*The Checklist Manifesto*），是關於如何確保人生成功的傑出之作，書中解釋人生的每件事，小自食譜至大到摩天大樓，都是由清單建構而成，花愈多時間製作準確的清單，就能用愈少時間達成愈多較高品質的成果。

寫好清單後，定時複習，增添新的想法和活動，推動你朝目標前進。持續增加項目直到完成清單，如此能節省大量時間，激勵你開始行動並持續下去。

第五步：按照順序和優先順序整理清單

首先你需要做什麼？其次做什麼？要避免做什麼？替清單設定清晰的優先順位，從最重要的任務做起，是成功的最大因素。

一定要學會破除「最小阻力法則」（Law of Least Resistance）。這個原理的基本概念是，為了節省精力，自然界的萬物會尋求用最快、最容易的方式來完成任何任務，也就是需要最少時間、精力或金錢的方式。

這或許是人類行為最有威力的法則，或是人類行為的最大動力，通常被稱為「權宜因素」（expediency factor），這個原理說，人總是尋求用最快、最容易的方式獲得想要的，通常很少會想到行為造成的次要或長遠後果。

這是個很大的題目，牽涉經濟學、心理學和人類天性等，基本在於人是懶惰的，重視自己的時間、精力和金錢，總想用較少代價取得想要的東西。

採取權宜之計無所謂好壞，唯有行為的後果才決定行動的好壞，科學和技術的所有進步，來自於找到更快、更好、更容易且更廉價的方法，來達成人想要的結果，因此採取權宜之計可能會是成功的必要條件。

但是大部分的成功，來自抗拒努力過程和日常活動中的權宜因素。要做正確和必要的事，而不是快速容易的事。

光是放慢決策過程，通常就能改善最終決定的品質，特別是在複雜的狀況下。**最好的一句話是：「讓我考慮一下再決定」**。

第六步：採取清單上的行動

做點事。什麼都好，但是要立刻開始，並且持續下去，直到至少完成整體任務或目標的一部份為止。無論大小，完成任務是主要的動力，推動你著手進行下一個任務，以及下一個、再下一個。任務完成使你快樂，釋放快樂藥丸進入你的系統中，使你覺得自己是人生勝利組。

抗拒拖延的慣性。失敗和挫折的一大原因是，人往往會拖延最重要的任務。但是，一再重複做的任何事很快會成為習慣，無論好事還是壞事。

大部分的人都養成拖延的習慣，結果成就非常少，而當他們真正付諸行動時，不是從最重要的任務做起，而是最小、最容易的事，那些對長期成功貢獻最少的事情。最後，他們全都精疲力竭，卻只完成了無關痛癢的小任務。

據估計，有高達五〇％的上班時間，被浪費在跟同事聊天、玩電腦和滑手機，但你不這麼做。每天做一些事來完成最重要的任務，保持能量的流動，讓正在從事的活動持續進行，記住，大家都在看。

第七步：繼續動

每天做些事，使你離最重要的目標更近一步，動起來而且不要停。利用這股氣勢，使你用少之又少的精力，完成多之又多的事。法則25「累積法則」將更詳細探討這主題。

三步驟系統化完成目標

為了達到最多可能的成就，你需要一套目標設定和目標達成的系統。有許多目標設定和達成的複雜系統，我曾經寫過一本二八〇頁的書，包含可用來快速設定目標的十二章篇幅和數十種想法，這套系統永遠改變我的人生，也改變了一百多萬名研討會學員的人生。它簡單、容易，而且保證有用。

用以下經過實證的目標達成三步驟系統：

步驟一：找來一本筆記本或記事簿，在第一頁的頂端寫下「目標」兩個字以及今天的日期，接著寫下十個目標，使用現在式、正面表述，以及屬於你個人的目標。你也可以寫十個以上的目標，但目前專注在挑選你想到的前十個目標，將它們寫下來。記住，這些目標可以被更動，你可以隨時自由增加、減少、重寫或重新定義。

步驟二：選擇最重要的目標。問你自己：「這個清單上的哪個目標，如果我要在一天之內達成，對我的人生有最大正面的影響？」

回答通常會在你問問題的當下跳出來，它將解決你最大的問題，或使你滿足你最熱切渴望。無論答案是什麼，這個決定比任何其他目標更有助提升你的生活品質，把那個目標圈起來。

步驟三：使用二十個答案法。翻到新一頁，寫下「二十個答案法」，問自己：「從今天起，我能怎麼做來達成最重要的目標？」接著，規定自己寫下至少二十個答案。可以超過二十個，但你必須至少寫下二十個。

第一次做這個練習時，會是你做過最困難的練習之一，你可能會感到挫折而想放棄，但這是個重要的測驗，目的在了解你是否認真想達成最重要的目標，這是一項通過或失敗的測驗，你的責任是要通過它。

這些年來，我多次讓接受教練的客戶和研討會學員做這項練習，令人驚訝的是，這二十個答案往往成為他們人生的轉捩點，但如果他們沒有紀律和決心，寫下前面十九個答案，就看不到最後的效果。有時第二十個答案替他們解決奮鬥多年的問題，往往能省去數月甚至數年的努力。

練習

在一天的開始，拿出筆記本，用現在式寫下你的前十大目標，不參考前一天的。規定自己連續三十天每天都這麼做。

許多人用這個練習使收入加倍甚至提高兩倍，我把這個練習介紹給接受教練的客戶，他們的收入和休閒時間都多了一倍。

這個方法從沒失敗過。

14

打造高生產力——時間管理法則

根據時間管理法則，時間管理的品質決定一個人的生活品質，包括你如何投資或度過每天的分分秒秒。

當你預先規畫生活，規定自己開始、持續並且堅持完成最重要的任務，很快就會養成高生產力的習慣，機會的大門也將為你開啟。你將吸引更大、更重要的任務，獲得更高的薪酬。我常引用聖經的話：「做得好，忠心的好奴僕，你在少許的事上忠心，我要委任你統管很多的事」（馬太福音25：23）

金錢賦予自由

當你展開人生的旅程，就像多數人那樣，你會有許多時間，但卻很少的錢。你一生的目標是改變時間與金錢的比例，如此隨著時間過去，你將有更多的金錢，你最終將擁有夠多的錢，讓你做更多真正樂在其中的事。

擁有足夠多的錢而不再為錢煩惱，最大的好處是賦予你自由。你能自由替自己和家人選擇想要的，你可以上館子點菜，而不需要根據價錢，來決定肚子餓不餓。

一〇〇〇%公式

有個簡單且經證實的實用方法，使你的收入提升十倍。我把這方法交給數千人，從不曾聽說無效。

如何使收入增加十倍？答案是借助複利的力量。如果每個月提高二%的生產力，任何人都辦得到，方法就只是事先規畫每一天，經過一年後，你將提高生產力績效和產出達二五%。

每個月提高二%的績效和產出，經過複利效應將在兩年又七個月內使收入加倍，如果每個月持續提升二%的生產力，一年將提升二五%，經過複利效應將在十年內使收入提高一〇〇四%。

幾年前，我在西雅圖辦過一場研討會，之前的學員克里斯笑著向我走來，說道：「你的一〇〇〇%公式沒有效。」

我問他：「怎麼說？」

他說：「自從我跟你學到以後就每天練習，但是不用花十年，只花了六年。今年我賺的錢是六年前的十倍。」

一〇〇〇%的公式有七個步驟：

步驟一：每天早晨六點以前起床。這是白手起家的百萬富翁和億萬富翁共同的習慣。

步驟二：花一小時閱讀有教育意義、啟發性或激勵人心的內容。每天一小時，一個禮拜讀完一本書，一年五〇本書。光是這樣就能使收入增加十倍。

步驟三：在筆記本上，使用現在式寫下你的十大目標。每天設定目標的習慣也能讓你在十年內提高收入十倍。

步驟四：每天事先計畫。列清單，替任務排定優先順位，從最重的任務開始。

步驟五：在每次拜訪或經驗過後，問自己兩個問題：一、我做對了哪些？二、哪些還可以改進？努力持續改進。

步驟六：在車上聽有教育意義的有聲節目，把開車時間變成學習時間，把你的車子變成四輪大學。

步驟七：對待你遇到的人，彷彿他們是消費了百萬元的顧客，從每天早晨這樣對待你的家人開始。

每天練習這七種行為，你將驚訝地發現自己變得更有生產力、更有價值，加上複利的奇蹟，你很快會成為領域中的高薪酬者，想一想，如果你賺的錢是目前收入的十倍，情況會有什麼不同？

吃了那隻青蛙！

幾年前，我寫了一本時間管理的書，書名叫做《吃了那隻青蛙》（*Eat That Frog!*）。

這本書成了全世界的暢銷書，在五十四種語言賣了數百萬本，人們因為書中教導的內容，而說出：「你改變我的人生，你使我富有」。

這本書會如此受歡迎，是因為通篇都是簡單實用的原理，立即可用，在較少時間內做更多事，就像一〇〇〇％公式。

製作清單

掌控時間與人生的最重要練習是，在一天結束時，在紙上列出明天必須做的每件事，決不要在一天結束時，沒有寫下第二天的活動清單。

激勵演講家、作家丹尼斯・衛特利（Denis Waitley）說：「你的想像，是預覽你生活中即將到來的有趣事物。」每日清單也是。

在一天的進行過程中，會出現新的任務和責任，趁著你的注意力尚未被分散時，把這些寫在清單上，瀏覽新任務跟其他任務。新的任務是否比較重要？如果不是，繼續做完清單上最重要的任務，練習聚焦和專注，你的未來處在關鍵時刻，別分了心。

練習

下定決心不虛度每一分鐘，工作的時候就全心工作，別玩樂。別浪費時間。想像主管正在注視你，如果在主管監督之下你會比較認真做的事，就一整天做那件事。

15 只做關鍵三件事——時間三法則

只能做清單上的三個最有價值的任務。

決定什麼是最有價值的任務，然後專注在這個任務上面，和其他因素一樣決定你的收入與成功。

我在教練和顧問工作中發現，大部分的客戶因為要做的事太多、時間太少而感到不知所措，時間三法則立刻改變他們的處境，這個法則的力量在於它簡單，幫助你在同一天獲得更多、更好的結果。

這個法則說，如果你把一天或一週中需要做的事列成一份清單，會有大約二十到三十項活動。但在這些活動之中，只有三項活動的重要性，佔你第一天或下禮拜必須做的所有事情的九〇％。

哪些任務？

看看清單上的每個項目，問：「哪一項任務，假設我在出城一個月前開始並且完成，會為我自己和我的公司貢獻最大的價值？」

答案通常會自己跳出來，通常相當清楚，也就是對你自身和工作的貢獻最大，但也是最可能拖延的任務。

接著，問：「如果在我出城一個月之前，只能做清單上的兩件事，我可以完成的第二項最有價值的任務是什麼？」

最後問你自己：「如果我只能做清單上的三件事，我可以完成的第三項最有價值的任務是什麼？」

在帶領上千位創業企業家、銷售專業人士和企業家學習時間三法則的時候，我們發現這三項活動的價值，通常代表著你對事業的九成貢獻，佔你收入的九成，以及你在未來數星期和數月成就的九成。其他做的每件事，相較之下就是浪費時間。

管理學之父彼得．杜拉克（Peter Drucker）曾說：「用高效率做根本不該做的事，肯定是最無用的一件事了。」

立刻開始

你一完成時間三法則練習，第二天早晨開始工作時，立刻著手你的第一號任務，並規定自己不停努力，直到完成為止。

當你總是為一天事先做準備，早晨從最重要的任務做起，規定自己繼續工作到任務完成，你的生產力將至少加倍或三倍，甚至提高五倍或十倍。

這個練習一開始是困難的，但會愈練習、愈容易。歌德說：「凡事起頭難，之後才變得容易。」很快地，你將期待展開最重要的任務，並且持續努力直到完成，而且你的生產力將爆表。

練習

挑選一項你總是拖延的任務。這是你遲遲不開始，而且容易找藉口拖延或延後完成的任務。

從現在起，把開始和結束你的頭號任務當成遊戲，直到成為習慣為止。

16

發現潛能——創造力法則

創造力法則說，你是個潛在的天才，只要使用心智能力，沒有不能解決的問題和無法達成的目標。

激勵演講家、作家丹尼斯．衛特利說：「你擁有的潛能，比你一百輩子能用的還要多。」

你只需要一個好點子，就能開展好運。亞馬遜創辦人傑夫．貝佐茲（Jeff Bezos）的點子，是在自家車庫用打折的價格賣書，他以七折價在網路上廣告暢銷書，接收訂單，把訂單傳給出版商交貨。如今亞馬遜銷售超過三百萬種商品，傑夫．貝佐茲是世界級的富豪。

大腦有超過一千億個細胞，稱為「神經元」，神經元彼此形成大約一兆個連結，相當於很多的想法和念頭。

有時我會教導我所謂的「史瓦辛格效應」（Schwarzenegger Effect）。當你看著阿諾．史瓦辛格碩大的肌肉時，你不會認為他天生就是這樣，他的肌肉系統是經過多年來，數千小時的重訓練成的，至今他還是每天鍛鍊數小時。

同樣地，大腦擁有巨大甚至無限的潛能，但你需要運動它，持續開發它直到發揮所有潛能，好比你需要拉伸肌肉使它成長，你也需要對大腦施加壓力，使你最有威力的資源極大化，也是解決問題、做決策和達成目標的能力。記住，你所需的就只是一個開創財富或致富的好點子。

ER 因子

事業、銷售和獲利的每個進展的到來，是當某人想到一種方法，能夠用更優秀的方式服務人。

我將這稱為「**ER因子**」（ER factor），透過釋放創造力，就能找到更好、更快速、更廉價、更容易的方法服務他人，**顧客總是想花最少的錢獲得最多，你的工作是用與生俱來的天才，用比競爭者更快、更廉價、更好的方式，為更多人獲得更多、更好的結果。**

腦力激盪vs.心智激盪

腦力激盪使多不勝數的企業致富，是找幾個人同處在一個有結構的情境中，產生一些想法來解決特定的問題，或是達成企業的特定目標。演練腦力激盪的目的，是針對某個問題或目標發出疑問，在特定時間（例如十五分鐘）內，盡其所能產生想法，來回答問題或達成目標。

練習結束時匯集所有想法，由產生想法的人以外的人來評估，確保不因為任何人的自我，而左右對想法好壞的判斷。

另一方面，心智激盪是你獨自產生想法。程序很簡單，在一張紙的頂端寫下明確的問題，例如「我如何在未來半年內，使個人收入提高五〇%？」接著，規定自己針對這問題寫下至少二〇個答案，前三到五個答案比較容易：多或少做點這個那個。接下來的五個答案會難一點，必須在心裡權衡輕重。最後十個答案將極度困難，你的心往往會一片空白，你會想放棄。但這個測驗，是要看你有多急切想達成目標。

你隨時都可以用以下四個問題來刺激創造力：

一、我應該多做些什麼？

二、我應該少做些什麼？

三、我應該開始做什麼現在沒在做的？

四、我應該完全停止做什麼？

記住，只有行動才算數。問這些問題的整個目的，是幫助你採取原本不會採取的行動。

練習

挑選一個會造成壓力、擔憂或挫折的目標或程序，清楚寫下，盡可能設法達成目標，或是簡化程序。

持續應用創造力，來改善生活和工作的品質，記住，你是個潛在的天才。

藉由把它寫下，你才能開始將自身潛能轉換成現實。

17

你的工作價值多少——交換法則

根據交換法則，金錢是媒介，人們以生產商品和服務時產生勞務，並透過它來換取他人的商品和服務。

在使用金錢之前，我們用以物易物系統，將自己的商品和服務直接換取他人的商品和服務，而沒有金錢作為媒介，隨著文明進步加上以物易物太過笨拙，人們發現可以將自己的商品和服務轉換成一種共同接受的媒介，如硬幣或其他形式的貨幣，來換取他人的商品和服務，使整個過程更有效率。今天我們去工作，用工作換取金錢，然後用金錢購買他人的工作成果。

交換法則的第一個推論，金錢可用來衡量人對於商品和服務設定的價值。

願意為某樣東西付多少錢，決定這樣東西的價值。商品和服務的價值，不外是某人願意為其付多少錢，因此所有價值都是主觀的，根據潛在購買者決定購買的那一刻時的想法、情緒、感覺態度和意見。

交換法則的第二個推論，你的勞力被別人視為一個生產因素或成本。

每個人往往把自己付出的汗水和工作視為特別的，因為這是何其個人的事。它來自我們，表現出我們這個人。但是就其他人來說，我們的勞力只是一個成本，聰明的消費者、雇主或顧客，希望花最少的錢買到最多，無論是誰的勞力。

因此，你無法將自己的勞力賦予客觀價值，除非是在競爭市場上，他人願意為你的勞力付出金錢，才決定你賺多少錢，以及你的財務價值。

當你提高你貢獻的價值，主管會主動付你更多錢，而不是失去你而找人來取代。

交換法則的第三個推論，你賺取的金錢數額，可以用來衡量你的貢獻在他人心目中的價值。

勞動工作的市場運作方式很簡單，你的薪酬與以下三個因素成正比：一、你所做的工作，二、你的優秀程度，以及三、取代你的困難度。

你的薪酬，與你的貢獻相較他人貢獻的質與量，以及你的貢獻在他人心目中的價值成正比。

交換法則的第四個推論，金錢是果，不是因。

你為產品或服務付出的努力或貢獻是因，得到的工資、薪水或收益是果。想提高果就必須提高因，而這多半是你可以掌控。

交換法則的第五個推論，為了提高薪酬，一定要提高投入的工作價值。

為了賺更多錢，就一定要提高價值。務必增進你的知識或技能、改善工作習慣、工作更長時間且更努力，在工作中發揮更多創造力，或者使努力獲取更大的效能和結果，有時必須同時做到以上每件事。社會上薪酬最高的人，是那些不斷在上述領域求取進步，為他們工作添加更大的價值。

練習

使用二十個答案法，列出至少二十項，使你在決定你收入的主管心目中，具更高的價值。

接著，和主管一起評估你的清單，請主管從清單選出三個可以改進或加強的項目，提高你的價值。

這項簡單的練習可能改變你職業生涯的走向。

18 重視時間及金錢——資本法則

資本法則說，從現金流量的角度，最寶貴的資產是身體和精神資產，也就是你的賺錢能力。這通常是當你剛起步時，你能投資的全部。

除非你已經富有，否則或許沒有覺察到你的工作能力是你擁有的最寶貴資產，充分利用你的賺錢能力，就能每年或每月將數萬元帶進你的生活中，應用你的賺錢能力來生產有價值的商品和服務，就有夠多的錢，來支付生活中想要的一切，今天薪水的多寡，與你至今培養多大的賺錢能力成正比。

資本法則的第一個推論，你最寶貴的資源是時間。

你的時間是你可以出售的一切，你投入多少時間，以及你在那段時間中用心的程度，大半決定你的賺錢能力，時間管理不良是美國各產業生產力不彰與表現不如預期的主要原因，是每個領域的管理者和受雇者的頭號問題。

資本法則的第二個推論，時間和金錢可以被花掉，也可以被投資。

時間和金錢在某種程度上可以互換，如果你花時間和金錢，花掉就沒有了，無法把它們要回來，它們成為人生的沉沒成本。

另一方面，你可以投資時間和金錢，如此將從它們獲得報酬，可以持續下去。如果你投資時間來充實知識或技能，就能提高你的價值，藉由提高你的能力來為自己和他人獲取結果，也就提高賺錢能力和個人的現金流，有時是為你整個職業生涯。

練習三%因素

你可以做一件聰明的事，每個月至少把三%的收入投資在自己身上，在個人或專業發展，使你更擅長你所做的最重要事情。若是把五%或一〇%的收入投資在自己就更好，**因為提高的技術水準是你人生中的力量乘數，當你投資金錢，來使自己愈來愈擅長所做的事，將獲得五倍、十倍甚至二十倍的回收。**

將時間金錢再投資到你的賺錢能力上，可說是一本萬利的事。所有富裕和成功的人或遲或早已經了解這件事，而貧窮和不快樂的人還不得其解。

資本法則的第三個推論，提高賺錢能力，是你時間和金錢最好的投資標的之一。

企業的策略規畫，目的是提高「股東權益報酬」（return on equity, ROE），也是企業的獲利相對投資的金額。ROE乃至投資報酬率（ROI），決定股價及企業大部分的未來。

策略規畫要求組織和重組企業活動，提高企業的資本報酬率。

個人職業生涯中的ROE和ROI是精神和情緒資本，也就是「生活品質報酬」（return on life, ROL），你的工作是賺取最多的人類資本報酬，提高能量報酬（return on energy），也就是你人生中投資在工作上的數量。

指出你在工作上做的哪些事，為你使用的時間帶來最大價值，多把時間聚焦在這些事情上，它們代表對你最重要成就的最大貢獻，不斷設法提高你的能量報酬。

練習

複習法則15「時間三法則」的結果，專注在這三項佔事業貢獻九成價值的任務上。花在低價值任務的時間再多，也無助提升你的價值，更糟的是，你花在低價值或無價值任務上的每一分鐘，使你距離能提高價值與生活品質的任務更加遙遠。

19

用自律減少浪費時間——時間觀法則

根據時間觀法則，凡在社會中最成功的人，是那些在做每天的決策時，花最長時間思考的人。

社會地位愈高的人，時間觀或時間視野（time horizon）愈長。社經地位最高的人做出許多年、有時甚至是一輩子都可能沒有回報的決定和犧牲，換言之，他們種樹而不納涼。

時間觀長的人，願意在獲得成功之前花長時間付出成功的代價，他們從未來五年、十年、十五年甚至二十年的角度，思考自己財務選擇和決策的後果。

財務狀況最低層級的人，時間觀也最短。他們主要聚焦在眼前的喜悅，他們這樣的理財行為常會導致負債、貧窮以及長期的財務問題。

思考後果

當你開始從行動的長期後果來思考正在做的事，也開始在社會和財務階級逐漸往上爬，你想得比較長遠，用未來目標和志向，來整理財務人生和優先順位，於是你的決策品質會提高，人生幾乎立刻變好。這就是長期目標如此重要的原因。

時間觀的第一個推論，延後快樂是理財成功的關鍵。犧牲短期以便長期享有更大報酬，來實踐自制、自我控制和克己，也是培養長期時間觀的起點。這是任何財務成就必須抱持的態度。

這項法則的第二個推論，自律是確保長期成功的最重要個人品質。

作家艾爾伯特‧哈伯德（Elbert Hubbard）在多年前將自律定義為「能使你自己在應該做某件事的時候去做，無論你想不想做。」

任何人在想做某件事的時候都可以去做，但是當你不想做還是強迫自己去做，就培養一種通往成功的性格強度。

規定自己預先為成功付出代價，並持續這麼做直到達成設定的目標，是真正的贏家。

時間觀的第三個推論，短期的犧牲是長期保障的代價。

此處的關鍵字是「犧牲」。當你抗拒誘惑，不去做好玩和容易的事，而是規定自己做困難且必要的事，這樣的性格，幾乎能保證未來將擁有更好的人生。成功大師和暢銷作家拿破崙．希爾寫道：「毅力是人的特質，一如碳是鋼的特質。」毅力是自律在發揮作用。

舉例來說，電視、滑手機能使你富有，也能使你貧窮。如果你規定自己選擇性地看電視，省下的時間花在工作和家庭上，能使你富有。如果你選擇像大部分的人那樣，每晚看電視、滑手機五、六小時，它將使你貧窮。別再看了！

當你持續投資時間和金錢來提升自己，而不是跟人閒聊或看電視虛度光陰，你就是在做對的事，幾乎能保證你的未來。

練習

選一項活動今天就停止做，把時間騰出來做一件對人生有助益的事。

請挑選一項如果現在就做而且做得好，能真正幫助你，真正讓人生不同的活動。

20

先付錢給自己——儲蓄法則

節省法則說，一生把收入至少10%存起來的人，
能獲得財務自由。

白手起家的億萬富翁克萊門特．史東（W. Clement Stone）曾經說，「如果存不了錢，成功的種子就不會掉在你的身上。」

養成習慣每收到一筆薪水，就把部分的薪水存起來。個人、家庭甚至社會的儲蓄率愈高就愈穩定繁榮，今天的儲蓄是明天安全和可能性的保證。

現在有相當多關於資本主義的討論，從最簡單的角度來說，資本主義是單純的儲蓄主義，凡是把錢存在銀行的人就是資本家，小孩也包括在內。約束自己不要把賺來的每一塊錢花掉，設法投資以便在未來賺更多錢，你就成為資本

家，一個有資本的人。

所有資本都來自獲利，而獲利是未來的成本。沒有獲利就沒有未來，當你把錢存起來再投資讓錢再滾錢，你就成為資本家，也是未來經濟的依靠。

儲蓄就是先付錢給自己

儲蓄法則的第一個推論是先付錢給自己，這是來自一九二六年的經典書籍，喬治・克拉森（George S. Clason）所著的《巴比倫富翁的祕密》（*The Richest Man in Babylon*）。

從今天起，把收入的一〇％存起來，絕不碰這筆錢。這是用來長期累積財務的資金，絕不可以因為任何理由動用它，除非是為了確保你未來的財務。

最好的是，當你先付錢給自己，規定自己靠剩下的九成收入過活，你很快就會養成儲蓄的習慣。你將習以為常，安於靠那九成收入過活。如果你還不能存下一〇%的收入，先從五%做起，總之要開始。

許多人從儲蓄一〇%的收入開始，接著增加為一五%、二〇%甚至更多，於是他們的財務也有了戲劇性轉變，你也會如此。

美國廣播電台勵志演說家、作家厄爾・南丁格爾（Earl Nightingale）曾說：「如果機會到來，而你還沒做好準備，機會只會讓你顯得很狼狽。」

儲蓄法則的第二個推論，要利用租稅遞延儲蓄和投資計畫。

由於高稅率，因此免稅的儲蓄或投資金額，累積的速度比需要課稅的收入快三至四成。

投資在公司退休金和退休計畫，教育儲蓄帳戶、股票選擇權計畫，以及任何被國稅局核准，作為免稅的長期財務累積。

當你的保留金逐漸增加，就要研究並且找到一位優秀的財務顧問，指引你做出聰明的理財決策。

今天就開始，撥出收入的一〇%，設立一個特殊帳戶，把這筆錢看成是每月支付租金或房貸的錢，這類支出不具選擇性。

如果你有負債，一〇％對今天的你來說太多，先從收入的一％存起，靠剩下的九九％過活。當你靠九九％的收入過活而感到自在，把儲蓄率提高到二％。一年後，你將養成新的用錢習慣，將儲蓄率提高到收入的一〇％、一五％甚至二〇％，而沒有任何壓力或者被剝奪感。

練習

今天就去你的銀行，開設財務自由帳戶。從今天起，尋找各種機會增加這個帳戶的錢，只花在慎選的投資標的上，隨著帳戶裡的錢愈來愈多，你也將吸引更多、更多的錢進入你的人生中。

21 生活品質報酬——守恆法則

守恆法則說，決定未來財務的不是賺多少錢，

而是留住多少錢。

很多人在職場生涯中賺了很多錢，有時在景氣好的時期，人們大幅超越自己的期待，賺進連想都想不到的金錢。

衡量財務狀況的好壞，在於你存下多少收入，成功的人在景氣好的時候會定期撥一筆錢來還債，如此在經濟或事業不景氣時，就有錢保留下來。

計算你截至今日的真實淨值，列出所有資產，用必須快速變現時可出售的金額來評價，評估財產時，不要欺騙自己。

把「資產」減去所有「帳單」、「信用卡」和「貸款」的總額，得到今天

的「淨值」，想像你即將搬去國外，這是你可以帶走的金額。

接著，把「淨值」除以「工作」的年數，得出「年收入」減去「生活成本」後，實際賺進的淨額，你滿意嗎？如果不滿意，今天就開始改進。

練習

每年工作後的盈餘稱為「生活品質報酬」（return on life, ROL），也就是每年工作的淨獲利。

問自己：「你的生活品質報酬是多少？」、「你希望未來是多少？」、「你現在可以採取哪一個行動達到目標？」

22

不當月光族——巴金森法則

人無論賺多少錢，往往會花掉全部的錢，甚至多一點。

根據巴金森法則，工作會擴充到填滿所有可用的時間。

巴金森法則是關於政府和個人生活中，成長與浪費的知名重要法則，這是由英國作家也是公務員的諾斯古德・巴金森（C. Northcote Parkingson）在多年前提出，解釋了為何政府的活動大多非常花錢且耗費時間。

後來，巴金森法則被應用到社會的許多領域，特別是財務方面。最簡單的應用是，費用會隨收入的上升而增加。

該法則也說，**人無論賺多少錢，往往會花掉全部的錢，甚至多一點，換言之，費用會隨收入而增加**。今天許多人賺的錢，是他們第一份工作的好幾倍，但他們似乎需要每一分錢來維持目前的生活方式，無論賺多少錢，似乎永遠都不夠。

巴金森法則的第一個推論，財務獨立來自破除巴金森法則。

只有當你培養夠強大的意志力，來抗拒把賺來每一塊錢花掉的強大衝動，才能開始累積財富，出類拔萃。

巴金森法則的第二個推論，如果你讓費用增加的速度比收入增加的速度慢一點，把多出來的錢存起來或投資，將會在職業生涯中獲得財務獨立。

這才是關鍵。如果能阻斷收入提高和生活成本增加的連動關係，把多的錢存起來和投資，你還是可以隨著收入增加，持續改善生活品質。藉由有意識地違反巴金森法則，你終將獲得財務獨立，否則將辦不到。

從當下起，下定決心把從任何來源增加的收入的半數存起來並投資，如此一來你還有收入增加的另一半來做想做的事。

練習

計算今天正確的收入，從現在起，每當你多獲得一筆錢，例如一百美元，就把五十美元存入財務自由帳戶，然後可以隨意花剩下的五十美元來提升生活品質。

下定決心在你賺錢的剩餘年限，把增加收入的至少半數存起來（而且永遠不花掉）。

23

人生護城河——財務三法則

財務自由有三隻腳，儲蓄、保險和投資。

你對自己和靠你維生的人有個重大責任，那就是在周遭構築一座財務城堡，創造一座莊園，在其中讓多數人免於遭受財務不安全危險。為了達成這項目標，你需要使財務在「儲蓄」、「保險」和「投資」三個領域維持正確的比重。

財務三法則第一項推論「儲蓄」：**為了在意外發生時受到完全保護，流動儲蓄應該等於二至六個月的正常費用**。

你的第一個財務目標是存夠錢，如此萬一失去主要收入來源達六個月之久，還有足夠的錢來度日。把這筆錢存起來，放在高收益的儲蓄帳戶或貨幣市場帳戶，將給你足夠的信心與安心。知道有這筆儲蓄金，會使你更加正向積極，不必擔心下一筆薪水在哪裡，或者拿什麼錢來買菜。

預付費用

財務三法則的第二個推論「保險」：你必須有足夠保障，來應付任何無法用銀行帳戶的錢支付的緊急事件。

備有足夠的保險，來應付超過銀行存款的緊急事件，投保足夠健康保險，支應自己和他人的緊急醫療，替車子投保責任險和車損險，替你的生命保險，萬一發生不幸的事，靠你生活的人還能過日子。

安全可說是人類本性最深層的需求或渴望，沒有足夠的保險，你在冒你承擔不起的風險。

許多人認為保險是賭博，就像在賭場玩一樣，如果出事而收到保險理賠，他們就是贏家，但如果沒遇到意外，就認為自己損失了賭在保險上的金錢。兩種想法都是錯的，保險只是預付費用，你可能長時間都在付保險費而沒有拿到錢，但是當你獲得保險理賠，就能拯救你的財務狀況。決不要在健康、不動產或人壽保險上貪便宜。

活到老、學到老

這個法則的第三個推論「投資」：終極理財目標應該是累積資本，直到投資的報酬超過工作收入。

你的人生大致分成三部分，儘管這三部份往往重疊。首先是學習（learning）的日子，也就是成長求學的歲月，接著是賺錢（earning）的日子，從大約二十歲到六十五歲，最後是渴望（yearning）的日子，也是退休生活，直到平均壽命近八十歲，而且還在增加中。

但是，在今日快速移動的科技社會，知識和技能以空前速度被淘汰，為了存活並且增長價值，你必須不斷學習。因為你身在一個高度競爭的競賽中，如果速度慢了下來，很快就會被更有野心的人超越，而一旦落於人後，可能就永遠趕不上了。

這個最簡單有效的理財策略，是要你在整個職業生涯中儲蓄和投資，直到投資報酬超過工作收入，到時就能逐漸淡出正規工作，花時間來管理錢財。

這似乎像是簡單的人生規畫策略，但值得注意的是極少人遵守策略，以致許多人到了六十五歲，卻沒有存下多少錢。

今天的規則是四％。意思是說，目標是能靠儲蓄的四％安心退休，這個比例讓你永遠不愁沒錢。

練習

今天就設定一個目標，累積一個投資帳戶，使你在退休後，過上二十年安適的生活。

寫下你確實需要多少錢才能安心退休，訂定計畫，然後開始。

24

不要虧錢——投資&複利法則

投資法則是，在你投資前調查清楚。
這是金錢法則中最重要法則之一。

絕不要急著把錢丟出去，你很辛苦地賺這筆錢，花了很久的時間累積，在做出任何承諾之前，請先把投資標的的方方面面調查清楚，要求每項細節都要完整完全的揭露。無論任何種類的任何投資標的，都必須要求誠實、正確與充足的資訊。

如果有任何懷疑或不安，把錢留在銀行，或投入貨幣市場的投資標的，應該會好過於投機或冒著失去這筆錢的風險。

自己做盡職調查

這個層次的調查，經常被稱為自己做的盡職調查。我個人在投資前未能做盡職調查，是我犯過的最大錯誤，這過程將要求你跟另一個人，針對投資標的的每一項宣稱，進行再三檢查。

尋找每個投資標的的致命缺陷。假設重要事實的關鍵陳述是錯誤或部分錯誤，錯誤可能是故意或不小心，但這不是問題。檢查再檢查。永遠不要在沒有證據的情況下，做任何假設。

企業界和科學界有個威力強大的思考工具，叫做「負面假說」（negative hypothesis）。舉例來說，某個商機的正面假說可能是「這是筆好交易或投資」。一般人接著會尋找這個陳述的所有可能證據。但是你不會這麼做。你要把相反的觀點作為負面假說。你尋找證據，證明正面假說不為真，換言之證明「這不是個好的投資標的」。

我們來用地心引力法則舉例。正面假說是「物體往下掉」，負面假說是「物體會往上飄」。如果你不能證明負面假說，那麼正面假說就成立，這是科學方法的基礎。如今許多科學的爭論，是因為一些專家愛上正面假說，然後全心投入來證明，對於和他們堅決相信的事情矛盾的證據視若無睹。

在財經新聞，你每週會讀到一些報導，是關於某企業正計畫做出某種重大投資，你經常會讀到類似「在交易完成前，盡職調查預期將至少需時六個月。」這是因為大部分的理財專家對於自己和別人的錢很小心。

投資法則的第一個推論：關於錢，只有一件事很容易發生，就是失去它。只有當你無法證明負面假說時，正面假說才成立。

競爭市場上賺錢很難，虧錢卻很容易。日本有句諺語：「賺錢就像用釘子鑿洞，虧錢卻像把水倒進沙子裡。」

投資法則的第二個推論：不要虧錢。

我的朋友菲爾・湯恩（Phil Town）是專業投資顧問，他在二〇〇七年出版過一本關於這個主題的書，書名叫《有錢人就做這件事：學會巴菲特投資第一定律》（*Rule #1: The Simple Strategy for Successful Investing in Only 15 Minutes a Week!*）他說，如果你可能失去你的金錢，一開始就不要跟它分開。

這原則非常重要，你應該將它寫下，放在每天看得到的地方，一讀再讀。別虧錢。只要你這麼做，總有一天會富有。

把你的錢想成生命的一部分，你用來儲蓄或投資的錢，是用生命的幾小時、幾星期甚至幾年換來的，那些時間無可替代，是你寶貴生命的一部分，就這麼永遠不見了。如果你只是抱著錢而不失去它，光是那樣就能確保你獲得財務保障。別虧錢。

投資法則的第三個推論：如果自認禁得起虧一點點錢，最後將會以虧很大收場。

覺得自己的錢足以承受些許虧損，這樣的心態有可議之處。記不記得有句俗話說，「傻瓜和他的錢很快就會分開」？還有個類似的俗語，說：「當一個經驗豐富的人遇到一個有錢的人，有錢的人到頭來會獲得經驗，而有經驗的人到頭來會獲得錢。」

永遠問你自己：「如果我虧光這筆投資，結果會怎樣？」每天都有人虧光全部的投資，例如當他們在賭場玩的時候。你能應付這個狀況嗎？如果不能，一開始就別做這筆投資。

投資法則的第四個推論：只聽從那些曾經拿自己的錢去投資，有經過證實成功紀錄的專家所給的投資建議。

只聽從那些有成功紀錄的人的建議，你的風險會大幅降低。只投資那些專家也投資的標的。別虧錢。如果你有些動搖，複習這個規則，堅守你的錢。只投資你完全理解且深信不疑的標的。只聽從那些曾經用他們自己的建議成功理財的人的建議。

如果打算投資股市，最好的標的是指數型基金。這種基金購買 S&P 指數（標準普爾）的跨產業別基金，有時指數型基金購買某個產業（如高科技股）中的跨類別股份，美國股票交易在過去八十年的平均漲幅為一〇・一%，指數基金的績效超越八成專業理財經理人。

練習

列出過去在理財上曾經犯過的錯，在每一項旁邊寫出你從中獲取的最重要教訓。

定期複習這份清單。如果不將它寫下，你很可能會再度犯下同樣錯誤。

複利法則

複利被認為是人類歷史和經濟的一大奇蹟，被稱為宇宙中最強的力量，世界上第八個奇蹟，當你讓錢長時間以複利累積時，它增加的幅度會大過你能想像，終究使你富有。

白手起家的億萬富豪華倫．巴菲特說，他的成功祕訣很簡單，就是投資在美國股市的好公司，並且相信複利的力量。截止二〇二二年為止，他的波克夏．海瑟威（Berkshire Hathaway）公司投資報酬率超過一百二十五萬%。

計算複利

你可以用七二法則，判斷你的錢在任何的利率或成長率之下要多久時間才能加倍，你只要用七二除以你得到的利率，例如，如果投資的獲利率為八%，將七二除以八，得到九。意思是說，在獲利率八%的情況下，要花九年，你的錢才會加倍。

複利法則的推論：**複利的關鍵是把錢擺一邊，永遠不去動用它。**

一旦開始累積金錢，錢就開始成長，任何理由都不可以碰它或花它，否則就失去複利的力量，即使今天只動用其中的一點點錢，也將放棄原本之後可能成為一筆巨款的可能性。

長期的錢也是耐性錢

當我開始目前的事業時，我去當地的銀行開戶。銀行員告訴我一個令我難忘的故事：「在銀行業，我們多半跟企業主和創業家打交道。我們總是看得出顧客什麼時候會出問題，也就是當他以為自己成功到足以買豪宅、度假屋或大遊艇的時候。他把現金保留款花光，之後他的事業開始出問題，他付不出錢，如果事業失敗，他也將失去一切。」

然後他告訴我這故事的寓意：「如果他當初繼續工作，累積財富，二年內就能做任何想做的事。」多年來我遵守那位銀行員的忠告，結果是真的。

如果你及早開始有規律的投資，永遠不把錢領出來，仰賴複利的奇蹟，你將因此而富有。中等收入的一般人，從二十一歲到六十五歲每月投資一百美元，在這期間賺取複利一〇％，退休時將擁有淨值一百一十一萬八千美元！

今天就開始

開立一個每月投資帳戶，答應自己在接下來的五年、十年甚至二十年間定額投資。挑選一家有各種共同基金和投資工具的公司，月復一月、年復一年讓你的錢滾錢。向你信賴的人請益，用複利的力量使你的錢持續成長，當你成為資本家（擁有的資本會賺錢的人），你將邁向富人之路。

練習

跟股票經紀公司開一個投資戶頭，購買績優基金或指數基金的持股，開始投資。

把你的錢擺一邊，永遠不去碰它，除非是使它成長。

你的心態將很快改變，你將會變得更好。

25

小努力大成果——累積法則

根據累積法則，財務上的每個偉大成就，都是累積數百個不為人知的小小努力和犧牲。

財務獨立將需要付出許多小努力，為了開始累積，一定要有紀律而且堅持，必須維持很久很久。

一開始，你看不到改變或差異，但努力會逐漸開花結果。你將逐漸超越同儕，財務狀況漸入佳境，負債消失。你的銀行存款將會愈來愈多，整體生活愈來愈好。

累積法則的第一個推論：隨著儲蓄累積，你產生一種動量，使你加速朝理財目標前進。

啟動一項財務累積計畫是困難的，然而一旦開始做，你會覺得繼續做下去沒那麼難。動量原理是個了不起的成功祕訣，這個原理說，克服一開始的惰性和對自律與財務累積的抗拒，要花大量的精力。但一旦開始了，繼續保持就會愈來愈不費力，不久就變成不假思索的容易事了。

惰性法則

這概念可以用牛頓第一運動原理來解釋，美國太空總署（NASA）簡要地定義為「每個物體將維持在靜止不動，或維持在直線狀態的運動下，除非外力的行動使其不得不改變狀態，這種在運動狀態下抗拒改變的傾向，稱為惰性。」

該法則常見的解釋方式是，運動中的物體往往維持運動狀態，除非因應外在力量，靜止不動的物體往往維持靜止不動，除非因應外在力量。

在理財成功上，這股力量是你的心，也就是你的思想、慾望、習慣和日常例行公事。這股力量完全在你的內在，在你的控制之下。你的成就不受限制，只有你自己的想法對你自己的思維加諸的限制。

從小事做起

累積法則的第二個推論：「以碼為單位很困難，但是一次一英寸，任何事都是小事一樁。」（編按：一碼約九一．四公分，一英吋為二．五四公分）

當你開始考慮把收入的一〇％或二〇％存起來，會馬上想到各種辦不到的理由。你可能正債台高築，可能必須把賺到的每一分錢都花光，才得以維持生計。

但是，如果你發現自己處在這種狀態，有一個解方。早先提到，把收入的區區一％存在一個特殊帳戶，而且拒絕去碰帳戶的錢。每天晚上回到家，把零錢投入一個大罐子裡，罐子滿了就把它帶去銀行，存入特殊儲蓄帳戶。每當你從賣東西得到額外的金錢時，把舊債還掉，或者當你獲得一筆意外的紅利時，不要花掉它，存入特殊帳戶。

這個特殊帳戶神聖不可侵犯，錢只進不出。存入這個帳戶的錢只能被用來投資，而不是花掉。如果想買車或房子，就開立另一個帳戶。

吸引力法則

這些小錢將以令你驚訝的速度累積。你存入帳戶的每一筆錢，提高吸引力法則的能量。你開始吸引金錢、點子、人和機會，讓帳戶的錢成長。

當你對於存一%的收入感到輕鬆，提高到二%、然後三%、三%等。不到一年，你會發現負債不見了，而你將收入的一〇%、一五%甚至二〇%存起來，生活方式卻不受影響。

還有一件神奇的事會發生，因為你不斷思考金錢，而且你對金錢的想法更明智——以及如我前面說的，你將會變成你想的那樣子——於是你開始獲得金錢，並且吸引更多賺錢的活動進入生活中。**當你看待自己是個內在富有的人，外在也逐漸成為富有的人。**

練習

想得長遠一點。去開個特別帳戶，把錢存進去。

培養新的好習慣，來破除惰性的力量，你將會驚喜地發現錢的成長速度之快——而這些是根據本書所提到的法則，而不是你的願望或希望、意見。

26 讓錢自動流進來——磁鐵法則

磁鐵法則說，你吸引愈多錢進入生活中，
你將會吸引更多的錢。

歷史上，這個法則一直是財富建立的主要原因，它解釋生活各領域大多數成功和失敗的案例，特別是財務領域，錢會往愛它、尊敬它的方向流動，你和你的錢有愈多正向情緒的連結，就會從最奇妙且意外的來源，吸引愈多金錢。

磁鐵法則應用到金錢的第一個推論：豐盛意識之所以能吸引金錢，就像磁鐵之於鐵片。

這就是為什麼開始累積金錢這麼重要，無論處境為何。把幾個硬幣投入小豬撲滿，一點小錢也要存起來。被慾望和希望磁吸的那筆錢，將開始吸引更多錢來給你，速度之快超乎你想像。

磁鐵法則的第二個推論：賺錢需要錢。

隨著金錢累積，你開始吸引更多錢和賺錢機會進入生活中，同時在無意識的層次上，你對金錢愈來愈精明，你將看到過去沒看過的賺錢機會，這就是為什麼起步這麼重要，即使只是小錢。你還是會對發生的事感到驚喜。

讓金錢的思維充滿你的心

每天、每週和每月，花點時間省思財務狀況，用更有智慧的方式來布局你的財務。定期閱讀理財和賺錢的文章，每月至少一本關於金錢的書。寫下筆記。在紙面上思考！**想法和知識若沒有被寫下來方便參考，就像在一個大房間裡的煙一樣，就這麼消了。**

你花愈多時間明智地思考財務議題，你將做出愈好的決策，於是你將需要思考更多金錢。你對儲蓄和投資的思考愈多，將吸引更多的儲蓄和投資進入你的生命之中。

練習

想像在你生命的某個時點上，從小錢或兩手空空開始，而今天你財務獨立。問自己：「你做了什麼？」

「如何達到這個地步？」

「你該採取的第一步是什麼？」

「如何改變你的思維？」

「無論答案為何，規定自己立刻採取行動。」

27

雖千萬人吾往矣——加速的加速法則

根據加速的加速法則，你愈快朝財務自由前進，財務自由也會愈快朝向你。你累積愈多錢就愈成功，愈多的金錢和成功似乎也從各種不同方向愈快朝你而來。

今日每個財務成功的人，都曾經經歷過非常辛苦的工作，有時好幾年後，才得到第一個真正的機會或大突破。但是在那之後，愈來愈多機會從四面八方朝他們而來，多數成功人士的最主要問題，是釐清所有看似從各處朝他們而來的機會。機會如此之多，你也會如此。

加速的加速法則第一個推論：你成就的八〇%，將來自投資或工作最後二〇%的時間。

長期的錢也是耐心錢。這就是為什麼，大部分的人四十歲、五十歲或更老以前，在理財上沒有了不起的成就，他們要花那麼久的時間來充實知識和技能，使他們在對的時間認識對的機會，並且善用這些機會。

你投資在企業、事業或專案計畫的前八〇%時間和金錢，似乎只有約二〇%的成功可能性，剩下八〇%的成就，是在投入的那最後二〇%的時間、金錢和努力。

這麼多人投資多年時間在生意或事業上，而就在他們即將獲得了不起的成就前，卻放棄或者脫手，真是令人不解，也是常見的情況。這就是為什麼，耐心和毅力被多數成功人士認為是如此重要的特質，他們把最終的成就歸因於從不放棄，無論感到多麼氣餒。

最重要的特質

當我對著眾多企業主和銷售專業人士演講時，我問他們一個問題：「在競爭激烈的商業世界中成功，必須具備的最重要特質是什麼？」

經過片刻，我給他們答案。「那就是雖千萬人吾往矣的特質。意思是說，無論發生什麼，事前就下定決心永不放棄！」

「那麼，你們要如何培養這樣的特質？」我問。

「既然你們已經知道，你會成為你想的樣子，你也會成為你對自己說的那個樣子。」

「接下來要問大家，你對你自己說什麼？你要說這幾個神奇的字：『雖千萬人吾往矣！』」

「你不斷重複這幾個字，讓這個指令進入內心深處，直到它成為你遇到任何問題、困難或失望的直覺反應。你在自己身上，設定了不屈不撓的程式。事前就下定決心，你永不放棄。」

你將成為想要成為的樣子

把握各種機會，在適當時機把改變人生的觀念與他人分享，特別是你的孩子。告訴他們，你在內心深處相信無論如何，他們將永不放棄，如果目前的做法行不通，他們會嘗試別的做法，但「放棄」這念頭不在考慮之內。

史上最成功的共同基金之一，麥哲倫基金（Magellan Fund）的前經理人彼得・林區（Peter Lynch）說，他做過最好的投資，是那些花了長時間才開花結果的投資標的。他經常買一家幾年來價值都沒有增長的公司股票，接著它開始發動攻勢，股價上漲十倍或二十倍，這個放眼長期的選股策略，最終使他成為美國最成功且最高薪的基金經理人之一。

練習

想想在你生命中有哪個領域，沒有如你所願地那麼快成功。每次當你想到時，重複說「雖千萬人吾往矣！」很快地，這將會成為你的直覺反應，你的「退路」。

28 持續買進——股市法則

根據股市法則，股票的「價值」等於股票預期現金流量的折現值。

一股股票代表一股的公司所有權，持有股票的人有權獲取所有權的全部好處和風險，包括獲利、虧損、股票上漲、價值下跌、經營管理，以及對公司生產銷售的產品或服務的需求增減。

當你買股票時，等於是投資一定金額的錢，確信你的報酬將會超過投資保障收益標的（例如債券或貨幣市場基金）所能賺到的錢，買股票是一種賭博，因為公司的未來和股票價值都無法預測，這是由無數多市場的力量所決定的，包括營收、競爭、技術、利率、管理品質、國際局勢、天氣等等。

股市法則的第一個推論：牛市和熊市都能賺錢，但豬會被宰。

意思是說，當市場向上時，積極的投資者會賺錢，市場向下時，放空並避險的人會賺錢，但是貪心的人，企圖在市場上殺進殺出，幾乎注定要虧錢。有超過七成的當沖交易（每天進場又全部出場的人）會虧錢，而且其中許多人會虧到一文不剩。

股市法則的第二個推論：在美國股市長期投資，是獲得長期財務保障的最佳方式之一。

這個結論來自股神華倫．巴菲特，他的波克夏海瑟威股票在存續期間，複合報酬率超過一二五萬%。你能想像你的投資標的，賺到超過一〇〇萬%的報酬率嗎？這些年來，巴菲特就憑著遵守自己的投資建議，獲得這樣的成果。

過去八十年間，在美國股市交易的股票價值，平均每年增加一一%，因此二十歲開始，每月投資一百美元到平均每年增值一〇%的共同基金，退休時的淨值將超過一百萬美元！

這個法則的第三個推論：平均成本法（dollar cost averaging）將使你更富有。

這個推論的意思是說，市場擇時（market timing）這種東西並不存在。你或任何人幾乎不可能總是買低賣高，比較好的方法是買進那些產品或服務獲得重視，穩健的好公司股票，然後長期持有。

幽默作家威爾．羅傑斯（Will Rogers）曾說：「別賭博，把你所有的積蓄拿去買個好股票，持有到股價上漲然後賣掉，如果不上漲，就別買它。」

第四個推論：股市是由專業人士管理和造市。意思是說，每一筆股票購入的交易，代表有人賣掉相同的股票，買進股票的人打賭這檔股票的股價會上漲，而賣掉這檔股票的人則是打賭股價會下跌，因此每筆股票買賣交易都是零和遊戲，一個人的智慧和判斷，跟另一個人的智慧和判斷對賭，這些人大多是專業人士，多年來每個星期五十、六十小時都在做這樣的事。

由於知識的不對等，最保險的做法是如我前面所說的，投資一檔指數基金，代表那個指數中所有的股票，根據整個市場的平均趨勢漲跌。最受歡迎的指數基金是標普五百，多年來該指數基金的績效一直高於八成以上專業經理人管理的共同基金。

大部分的財富來自創業，也就是成立並且打造事業。人一旦富有，會把錢投入股市和製造收入的不動產。

練習

今天就下定決心開始投資股市。首先，跟券商甚至往來銀行購買指數型基金，從第一筆投資開始，你將會更清楚整個投資世界的樣貌。

29

賣出更多——行銷法則

根據行銷法則，無論從事什麼行業，都離不開行銷。

大部分的財富，都來自企業和新創企業在競爭市場中銷售產品或服務，賺了錢以後再賣更多，周而復始。如今幾家最大、最賺錢的企業，例如蘋果（Apple）、亞馬遜（Amazon）和微軟（Microsoft）都是近年開始的，理念都是提供顧客更好的服務。

簡單的成功祕訣是，為了賺更多錢，一定要賣更多東西，這需要你一直在行銷和銷售方面下工夫。

行銷法則的第一個推論是：賣出才算數。

銷售的目標有三：一是做成第一筆生意，二是妥善照顧顧客，好讓他們再度購買（事業成功均仰賴回購），三是妥善服務顧客，這樣他們就會把你推薦給別人。賣了一筆、再賣第二筆，然後賣給他們的朋友。

行銷四大支柱：專門化、差異化、區隔化、集中化

行銷組合有四大支柱，每一個支柱都是銷售並打造高獲利成功企業所不可或缺的。

第一支柱：專門化。是指你完全清楚你的顧客是誰，顧客要什麼，你跟誰競爭生意，以及為何顧客會跟你買，而不是跟別人。你在哪個領域專精？你跟競爭者的差異，在哪方面比較具優勢？

第二支柱：差異化。行銷組合最重要的部分。是銷售量提高、公司成長，也是事業整個未來的關鍵。你的產品或服務在哪方面跟競爭對手的任何產品或服務不同、更好而且更優秀？這被稱為你的競爭優勢或獨特銷售提案，奇

異（General Electric）公司總裁傑克．威爾許（Jack Welch）說：「沒有競爭優勢，就別競爭。」

每位顧客都在尋求最佳選擇，以最低的價格同時擁有最高品質和最大的實用價值，幫助他們達成個人和事業的目標。你銷售產品或服務的能力，仰賴你能否展現你的產品或服務，在某一方面有別於並優於競爭對手提供的任何其他東西。

第三支柱：區隔化。是指分割市場，把時間和廣告費用來迎合想要你產品或服務的人，以及那些願意掏錢購買你的產品或服務，而不是競爭對手的產品或服務的人。

第四支柱：集中化。是把時間金錢集中用來吸引最可能欣賞你產品或服務特性和優點的顧客，以及在競爭市場中，最有能力購買你產品的人。

清楚定義行銷組合的四大柱，集中所有努力，來吸引能最快速向你購買且付錢的顧客，是事業成功的關鍵。

練習

你在廣告和促銷上可以做哪些明確改變，賣更多東西給更多最有潛力的顧客？

潛在顧客為什麼要跟你買，而不是跟別人買？

你的產品或是服務為何比競爭對手更好，好在哪裡？請列出三個理由。

30 複利力量大——不動產法則

不動產法則說，一間不動產的價值，在於它未來的獲利能力。

任何一間房產的價值，取決於該房產從此刻起，發展到最高且最佳用途時能產生的收入，一間房產對特定業主來說或許具備感性的情緒價值，但它的貨幣價值與未來的獲利能力直接相關，也跟某人可以從它賺取的金錢多寡相關。

有數百萬畝的土地從不具任何真正的價值，例如沙漠土地，因為不具備未來的獲利能力。這樣的土地無法經由開發來製造收入，提供住宿或滿足人類的任何需求。

許多大城市的廣大區域，不動產價值正在下降，因為成長和發展的榮景不再，未來大概也不復見了，人們每天以低於買進價格出售房子和不動產，或者因為這些財產的獲利能力——例如出租能力——從而價值下降，而被貸款銀行沒收。

不動產法則的第一個推論：當你買進時賺錢，當你賣出時實現。

這一點很重要。用對的價格在對的時間買進不動產，能使你以獲利賣出。很多人以為是在賣出不動產時賺錢，與他們如何買進或用什麼價格買進無關，這是倒果為因。

愈仔細調查不動產，購買前做愈多功課，就愈可能使你之後賣出房地產時獲利。

不動產法則的第二個推論：挑選不動產的三個關鍵重點是，地點、地點、地點。

每間不動產都是獨一無二，因為地表上只有一間那樣的不動產。在優秀的地點選到一間不動產，是影響那間不動產未來獲利能力的最大因素。

不動產法則的第三個推論：不動產價值大多取決於該區域的整體經濟活動，特別是工作機會的多寡和工資水準。

當你挑選在某地段或社區投資或買房時，這點非常重要。一般來說，不動產價值的漲幅，是人口成長水準的三倍，是通貨膨脹率的兩倍，當你在成長快速的社區購買不動產時，幾乎能保證增值高於平均。因此影響任何地區不動產價值的最重要因素，在於周邊區域形成新商圈以及經濟成長的程度。

將複利應用到不動產

有個運用複利法則的常見方式，是尋找一個正在成長且外擴的大城鎮或都市，買間前景看好的房地產。從那座城市的邊緣往外約八公里，來到一個小社區，買間屋子或一塊地，按月繳錢並按時繳稅，如果可以就租出去。根據複利法則，這筆不動產將會增值，到最終可能價值不斐。

移民的成功故事

有位朋友十五歲時移民到美國，當時完全不會說英語，靠著在學校餐廳半工半讀養活自己，有一天有人告訴他，在美國財務成功的關鍵是買進並持有不動產，說：「他們不會再蓋更多房子了。」

他的錢很少，因此相當謹慎。他設定目標，存錢並且每年買進一間不動產，他發現有個前景看好的小城鎮，於是用一筆小額的頭期款買下第一塊住宅用地，每月支付二十五美元。

他繼續工作存錢，收入也逐漸增加，第二年他買了一間貴一點的不動產，很小心地按規定付款。一年年過去，他仍遵守計畫，每年買一筆不動產，並且根據經濟能力，買更大的房產。他整合自己的房產，以小換大，對不動產投資也愈來愈精明。

二十多年後，他發財了。他擁有多筆大小不一、價值不同的房產，之後他整合所有房產變現，買進三．五億美元的購物中心，多半是靠銀行存款和貸款。他買入一家全國知名的連鎖企業，為他帶來穩定的獲利，也由於他的成功和身分，受邀成為某大型大學的校長，他示範了複利和長期思考的力量。你也可以，而且就從你的第一筆投資開始。

買進後整修

今天就決定投資一筆不動產，了解不動產投資的唯一方式是成為業主，然後運用知識技能，來提高那筆房地產的價值。

不動產法則的第四個推論是「買進後整修」。

不動產致富的最佳方式之一，是在一個可靠的地段購買一筆房產，最好是一間房屋，把它整修提高賣相，有更高的價值和更迷人的外觀，可以用高於房貸的金額租出去。

做好功課。買之前先研究那個地段，繞著街區走走，問居民是否喜歡住在這區域，尋找這間房產的致命缺陷。不做任何假設。賣家想拿到最高價，所以會無所不用其極淡化甚至掩蓋房產的所有缺陷，貨比三家之後再出價。

以下是個真實故事：一位朋友從紐西蘭搬到美國，想用他在奧克蘭時曾經用過的「買進後整修」來賺錢。

他定居在亞利桑那州（Arizona）鳳凰城（Phoenix），這是個成長快速的城市，也是用這方法累積房產的理想地方，由於他初來乍到，沒有多少錢，於是替自己設定一個目標，要物色一百間屋子後，才出價買第一間。

他在做盡職調查的同時，把每個注意事項列成清單，用清單上的每一項檢視他看的每間屋子。最後他買了第一個家。

在此同時，他去銀行了解對方願意借他多少錢，當屋主願意接受他開的價格時，他早已經做好成交的準備了。他也列出整修房屋的所有事項，並且嚴謹地遵守。

他很快搬進這個屋子，利用晚上和周末進行整修。他花了大約半年整修房子和院子，讓屋子看起來好到可以用高於每月房貸的金額出租。

接下來的十年間，他買屋、整修、出租超過一百間屋子，每月替自己帶來數萬美元的現金流入。最後，他把現金變成公寓大樓和其他不動產，今天他是個富有的人，而且是從幾乎一無所有開始的。

這個「買進後整修」的方法很費事，你一開始會犯錯，這些都是最終成功所要付的代價，但這是不動產致富的一種安全方法，虧錢的機會很低，而最終賺多賺少則多半由你掌控。

練習

今天就下定決心，買一筆投資用的不動產，最好是可以搬進去，一邊住一邊整修的屋子。閱讀羅伯特．艾倫（Robert G. Allen）二〇一〇年的著作《*Nothing Down for the 2000s*》他在書中將教會你如何找到一位「有意願的賣家」（motivated seller），也就是願意把他家賣給你，並且接受以該房產第二順位抵押權為形式的頭期款。

31 一切的加速器——網路法則

根據網路法則，網際網路是金錢、事業和成功的強力加速器。

一九九〇年代末，大規模採用網際網路以來，世界已經完全改觀，它長久的影響，顛覆每家企業和組織，以及全人類經驗的軌道。

搜尋引擎的時代

美國線上（AOL）、CompuServe等服務，使網際網路被普遍採用後，如果你是個好奇的潛在顧客，可能會上搜尋引擎或網站，尋找問題的答案。搜尋引擎成為購買意向的接收者，大家都知道，谷歌贏得搜尋引擎戰爭，現在控制了西方世界絕大多數的購買意向，二〇二二年，谷歌搜尋（Google Search）達到大約一千六百二十億美元的營收，佔整個事業營收的六〇%以上，安卓（Android）行動操作系統、YouTube 等谷歌產品被創造或購買，來護衛他們的搜尋業務。

強力加速器

網際網路以更快、更小的處理器、大規模協作工具，以及更多具有各種用途的精巧軟體，加速且強化電腦產業，現在我們全都坐在歷史的前沿，我們繪製了人類基因組圖譜，積極探索外太空，並且正開始目睹下一個人工智慧大革命的到來。

我們無法預測接下來會發生的事，但可以把網路法則視為一種指引邁向未來的哲學。以下是網路法則的六個推論，對成功和致富來說不可或缺。

網路法則的第一個推論是「開放性」，網際網路容許來自各種人、文化和哲學體系的資訊、知識和觀念的自由流動。

這已經用一種空前的方式啟發人類，並將我們的原則均質化。在今天，透過檢查制度、錯誤資訊和政治宣傳來控制人變得比較難。

大部分的國家都可以自由取得未經檢查的資訊、新聞和想法。這種開放性是自由的前提，特別是思想的自由。為了富裕繁榮，我們必須接受新資訊、快速改變的環境和創新，管理學之父彼得．杜拉克曾說：「效率是把事做對，效能是做對的事。」網際網路幫我們辨識什麼是對的事。

網路法則的第二個推論是「透明」，也就是在形成想法時盡快分享。

在這個新的年代，到處都有好點子，正當你以為自己有了絕佳點子時，你上網谷歌，結果發現全世界已經在執行，但執行的品質是關鍵。盡力使任何新想法盡可能透明，並且盡快取得回饋。請其他聰明的人挑戰你的想法，將它推向市場的槍林彈雨中，愈詳細檢查，結果便愈好。

網路法則的第三個推論是「協同合作」。能與他人合作愉快，是結果和報酬加乘的關鍵。

今日企業成功的必要關鍵，是能與他人互助合作。有人說，如果你的產品或服務可行，代表它已經過時，很快就會被更快、更好、更便宜的東西取代。務必用開放的心態，面對你最珍視的想法可能已經被更優越產品取代。

你不能獨自完成任何事。活在今日的美好之處，是有無數多工具可供連結、溝通、協同和諮詢。你可能每天都在使用其中幾樣工具。

在各個年代，最有效能的成功工具之一，是「臭皮匠原理」（Mastermind Principle）。大部分的偉大成就，是兩人或更多人定時聚會交流，最成功的創業家和白手起家的百萬富翁每星期分享彼此的想法，有時不同行業的人提出一個問題或觀察，可能帶來使你致富的突破性點子。

網路法則的第四個推論是「創新」。創新是持續尋求方法，從顧客的觀點

改善產品或服務。

有時光是一個使產品或服務更具吸引力的改變，就能使你的產業發生巨大改變。

現在正是創業的最佳時機，由於網路連線快速的區域不斷擴大，因此網路及其所有補助性的技術更好、更快、更廉價且更容易取得。

在這樣的環境中，創新通常快速又便宜，你可以早上冒出一個點子，下午就測試它。十年前複雜昂貴的產品或服務，如今便宜一百倍、速度快一千倍，想想你多麼快就能在網域註冊，成立並且推出某個網站，以及設立交易處理和會計的電子商務。一切的一切，都可以在一天之內就完成，花費僅僅不到一百美元。

網路法則的第五個推論是「採用」。你採用和應用新點子的速度，是最具決定性的成功因素。

嘗試新事物經常要求我們忘記舊技術，跳到新平台上。這總是讓人感到不安，但是感到不安意謂著我們正在成長與學習，我們必須採用企業創造的新方法、技術和方式，每天要不斷地將舒適圈的外緣向外推，因此必須擁抱和採用新技術，無論多安於舊的工具。

網路法則的第六個推論是「內容」。開發更有趣、更具娛樂性的內容，來說明你的產品或服務，給予你在事業上的致勝優勢。

創造內容從不是件容易的事。透過圖片、影音、部落格貼文和推特（編按：現已改名為X），將我們認為事業上的重要訊息與世界溝通，凡創造內容的人就有視聽大眾，當我在一九八〇年代開始用卡式錄音帶錄製廣播節目來創造內容時，無法想像今天生活的世界。我已經把廣播節目轉成書籍，之後變成研討會、工作坊或線上課程。

如今，我出版超過九十本書，被寫成五十五種語言，一切都始於一個簡短的大綱。從我職業生涯中累積的內容，至今仍推動我的事業，每一篇內容都跟其他內容連結，就像一個巨型的網子，包裹著世界。一切都起源於一個與顧客需求有關的參考點。

創造及時與長青的內容

你可以創造兩類內容，一是「及時」，一是「長青」。「及時」的內容是根據某個時事或趨勢，搭上稍縱即逝的流行話題，被通稱為「蹭新聞熱度」。

第二型內容是「長青」。就好比松樹在冬季依舊是綠色，這個型態的內容不受時間影響，無論現在還是十年、二十年或三十年後依然適用。創造的「長青內容」要多於「及時內容」，「長青內容」對你的事業來說像個會增值的資產，不僅會逐漸提升事業的價值，也為你的品牌提供更高的身分，一種有機的行銷資產，可以一用再用。

人工智慧革命

當我們展望未來，會看到人工智慧革命正快速朝我們而來，人工智慧平台的創造者就像網際網路，免費提供這些服務。當不同來源的先進新技術可以免費取得，而且任何人都可以輕易取得時，革命於是展開，所有大型企業將提供人工智慧資源，來保護他們現有的商業模式，人工智慧將以完全超乎預期和理解的方式改變這個世界。

採取行動

儘管人工智慧看似能創造奇蹟，卻無法像你我一樣思考，我們從人工智慧獲得的產出，仍然要視我們給予的提示，令人興奮的在於，只要對專業領域有第三級的理解，具備高度悟性的操作員便能用人工智慧，做出了不起的事情。

電腦摧毀了打字產業，也將運算能力分散到全世界，為網際網路的發明和普及打好基礎，人工智慧在未來也將被摧毀，但什麼會從灰燼中興起，確實讓人想來就感到興奮。

練習

找出網際網路正在改變商業生活的三個領域，接著訂定計畫，承諾精熟必要的新技能，也是領導領域，將職業生涯帶向下個階段所需具備的技能。

請下決心領先採用每一種塑造事業的新技術。

32

每件事都重要——信譽法則

根據信譽法則，人們對於你這個人的口碑和想法，是決定你成敗的最大因素。

你的信譽如何？人們在你背後怎麼說你這個人？人們如何對那些想知道是否適合僱用你，或者和你商業往來的人，描述你這個人？

在繁忙、競爭激烈的社會之中，這些是你曾經問過、也回答過的重要問題，最重要的是，你希望未來的信譽是什麼？你每天該如何改變，來創造那樣的信譽呢？

不能造假

信譽法則的第一個推論是「正直」。這是衡量你有多誠實，有多少人相信你會言出必行，而且是用你承諾的方式去做。這是當人們在考慮僱用你、跟你投資、與你做生意，甚至是跟你交朋友時，會問的第一個問題。

信譽法則的第二個推論是「勇氣」，這是指你能堅持信念，而且甘冒風險來達成公司的目標。英國首相邱吉爾（Winston Churchill）曾說：「勇氣可被認為美德之最，因為其他美德都要靠它。」

信譽法則的第三個推論是「可靠」。意思是說，其他人能仰賴你兌現你的承諾，而且按照時間表交出成果。人們經常說，商業上最重要的能力是可靠。資深經理人最重視的，是能把任務交付給某人後就拋諸腦後，因為知道會依據時間完成，而且達到可接受的品質水準。

著名導演伍迪．艾倫（Woody Allen）有個廣為人知的觀察心得，「八〇%

的成就只是露個面」，只有二%的人每一次都會準時，沒有藉口。大家都認識他們，機會的大門似乎為他們而開，當你培養相同的信譽時，也會為你開啟。另一方面，雇用員工有個規則，就是永遠不要雇用一個求職面談會遲到的人。

每件事都很重要！

你做的每件事不是加分就是減分，沒有一件事是不加不減的。你人生的一大任務，是確保做的每件事能建立且提高你的好名聲。

信譽法則的第四個推論是「適任力」。對信譽最有幫助的，或許是被眾人知道你的工作能力。說穿了這多半取決於你受人尊重的程度、你的酬勞、你晉升的速度以及你的生活品質。

最大的收益是自信

在這四個推論培養優秀信譽的最大收益，是你會覺得自己很棒。你會受到周遭所有人的崇拜和尊敬，會獲得較高的薪酬，更快獲得升遷，因此關於你的信譽，請記住「每件事都很重要！」

對你的才華和能力最有加乘效果的，或許是人們如何看待和談論你這個人，這是你命運的鎖鑰。

練習

下定決心，在公私領域建立起絕對優越的信譽。多做那些能替信譽加分的事，列出每天能做哪些事，例如每場會議都準時出現，記住，每件事都重要！

總結

金錢法則的四個關鍵

我們應該從何處開始，將金錢法則應用在生活中？以下四個關鍵領域是不錯的開始。

首先，下定決心盡可能多賺點錢。盡最大努力在你的領域出類拔萃，就可以賺得極優渥的待遇，每個領域中八〇%的收入，是被前二〇%的人賺走的，現在就決定你將成為前二〇%的一員。

第二個金錢的關鍵，是盡可能把錢留住。記住，從長遠的角度來說，重要的不是你賺多少錢，而是能留住多少錢。大部分的人賺多少花多少，外加一點借款，你要抗拒那樣的本能傾向，絕大多數的人亂花錢，一擲千金，到頭來成了月光族，無論賺多少錢，別讓這種事發生在你身上。

第三個金錢的關鍵，是減少並控制生活開銷。能省則省，少買點昂貴的物品，把重要的購買決策延後一天、一星期甚至一個月，如此一來當你終於做出購買決策時，會是個好的決策，富裕的人對金錢和支出都很謹慎，他們就是靠這樣富有起來的。

最後一個金錢的關鍵，也是第四個，那就是謹慎投資並且盡可能使投資的錢快速成長。由於複利的奇蹟，加上平均成本法，只要每個月把收入的一至二成存起來或投資，不必多花腦筋就能在幾年內變得更富有。

這是個美好的時代，從未像現在這樣，有這麼多的可能性賺更多、存更多、累積更多，更快速地能使錢滾錢。你的責任是充分利用可以掌握的各種機會，你的目標是應用這些法則來實現財務目標，在職業生涯中變得富有。祝你好運！

致富邏輯

作者	布萊恩．崔西 Brian Tracy
譯者	陳正芬
商周集團執行長	郭奕伶
商業周刊出版部	
總　　監	林雲
責任編輯	盧珮如
封面設計	萬勝安
內頁排版	邱介惠
出版發行	城邦文化事業股份有限公司 商業周刊
地址	115 台北市南港區昆陽街 16 號 6 樓 電話：(02)2505-6789　傳真：(02)2503-6399
讀者服務專線	(02)2510-8888
商周集團網站服務信箱	mailbox@bwnet.com.tw
劃撥帳號	50003033
戶名	英屬蓋曼群島商家庭傳媒股份有限公司城邦分公司
網站	www.businessweekly.com.tw
香港發行所	城邦（香港）出版集團有限公司 香港灣仔駱克道 193 號東超商業中心 1 樓 電話：(852) 2508-6231　傳真：(852) 2578-9337 E-mail：hkcite@biznetvigator.com
製版印刷	中原造像股份有限公司
總經銷	聯合發行股份有限公司 電話：(02) 2917-8022
初版 1 刷	2024 年 9 月
初版 2.5 刷	2024 年 11 月
定價	300 元
ISBN	978-626-7492-30-7
EISBN	9786267492499（PDF）／ 9786267492291（EPUB）

The 32 Unbreakable Laws of Money and Success: Transform Your Life and Unlock Your Unlimited Potential

國家圖書館出版品預行編目(CIP)資料

致富邏輯：變有錢的32個富練習／布萊恩.崔西（Brian Tracy）著；陳正芬譯.--初版.-- 臺北市：城邦文化事業股份有限公司商業周刊, 2024.09
面；14.8×21公分
譯自：The 32 unbreakable laws of money and success : transform your life and unlock your unlimited potential.
ISBN 978-626-7492-30-7（平裝）

1.CST: 理財　2.CST: 自我實現　3.CST: 成功法

563　　113011556

藍學堂

學習・奇趣・輕鬆讀